从零开始做销售

销售新手不可不知的
销售心理学

苗小刚◎著

中国纺织出版社有限公司 | 国家一级出版社
全国百佳图书出版单位

内 容 提 要

　　本书从销售心理学知识入手，教读者全面洞悉客户在消费过程中的心理变化，掌握变化规律，从而找到打开客户心门的钥匙，以达到运用心理学知识，提升业绩的目的。全书综述了客户心理在整个购买过程中的变化轨迹，销售人员如何掌握、判断客户心理的方法，以及如何运用心理学效应获取客户认同，吸引客户购买。

图书在版编目（CIP）数据

从零开始做销售：销售新手不可不知的销售心理学 /
苗小刚著 . -- 北京：中国纺织出版社有限公司，2019.11
　　ISBN 978-7-5180-6446-5

　　Ⅰ . ①从… 　Ⅱ . ①苗… 　Ⅲ . ①销售—商业心理学
Ⅳ . ① F713.55

中国版本图书馆 CIP 数据核字（2019）第 155641 号

策划编辑：陈　芳　　责任校对：王蕙莹　　责任印制：储志伟

中国纺织出版社有限公司出版发行
地址：北京市朝阳区百子湾东里 A407 号楼　邮政编码：100124
销售电话：010 － 87155894　传真：010 － 87155801
http : //www.c-textilep.com
中国纺织出版社天猫旗舰店
官方微博 http://weibo.com/2119887771
三河市宏盛印务有限公司印刷　各地新华书店经销
2019 年 11 月第 1 版第 1 次印刷
开本：710×1000　1/16　印张：14
字数：179 千字　　定价：45.00 元

凡购本书，如有缺页、倒页、脱页，由本社图书营销中心调换

前 言

销售中存在着太多的不解之谜，而这些谜题最终都指向客户！到底客户都是怎么想的？为什么有时候不费吹灰之力很快达成交易，有时候费了九牛二虎之力仍然没有结果？在书上学到的那些销售技能用起来为什么总是效果不好，有时甚至起到相反作用？

人的心理是非常奇妙的，看不准、摸不着，但也有规律可循，只要抓住客户的心理特征，认真揣摩、细加分析，即可看清其脉络。因此，想要了解客户，必须学着读懂他们的内心，把握他们的心理状态。

本书适合一线销售人员阅读。它将带领读者进入难解的客户内心，去探查客户的心路轨迹，全面洞悉客户的心理活动过程，从而找到打开客户心门的钥匙。本书着重介绍营销心理学知识，以期帮助读者做好销售工作，提升销售业绩。

全书分为 10 章，两大部分内容，第一部分（1~3 章），综述客户心理在整个购买过程中的变化轨迹，把握、判断客户心理的方法，以及如何运用心理学效应去获取客户认同，吸引客户购买。第二部分（4~10 章）分别阐述客户在销售前后以及交谈过程中表现出来的各种心理现象，进而讲解销售人员如何通过察言、观色、攻心等方式来化解，以进一步掌握客户的心理动向，促进其采取购买行动。

苗小刚
2019 年 5 月

目录

第1章

修炼术，善于洞察客户心理

优秀的销售人员都是心理学大师，不但可以自如地把控自我心理，还可以轻松玩转客户心理，抓住客户的心理脉络，用最动人的语言敲开客户的心门，用最合理的逻辑消除客户的疑虑，用最恰当的方法巧妙击破客户的心理防线。

1.1 定位客户需求点，实现精准推销

对于优秀的销售人员来讲，只要客户有购买的可性能，就能将之变为购买行动。对此，我深有感悟，那是十多年前的一件事情，尚未大学毕业就到一大型服装商城实习。说白了我就是去做营销员，吃点苦，受点累不要紧，目的就是积累些与客户打交道的经验。

★ 案例

当时，该公司招聘了不少新人，经过简单的培训就被分配到各个分店做一线导购员，可以说基本上没有什么经验、技巧，培训师只说了一句话："只要进店的客户都是有需求的。"

当时，我对这句话半信半疑，但终究还是坚信，"每个进店的人都会买东西"。上班第一天正值周末，一大早就来了很多少男少女，有的三五成群，有的两两一对，他们一边闲谈，一边看衣服。

见有客户来了，我热情地走上去问："欢迎光临，请问有什么需要帮忙的吗？"

尽管我很热情，但大部分人都不予理睬，好像当我不存在一样。说真的，这种感觉真有些不爽。不一会的工夫，客户溜达了一圈又走了，心里便更加不舒服起来。

这时，来了一位二十岁左右的女孩，她进店拿起衣服就在身上比划，还问我可不可以试试。我高兴地说能，那个女孩拿起就试穿，见她挺高兴，我以为她很满意，就问："觉得不错吧？才289元一件，很便宜的。"

谁知那个女孩说："什么衣服啊，这么贵，穷学生买不起！"

我忍不住了，脱口道："不想买干吗浪费时间啊，还试了这么多件！"

那女孩不满地回应道："试衣服就一定要买？不买就不让试吗？"

我说："是的，不买就不让试。"就这样两人争执起来。

这时，店长刘姐走了过来，说："好了，消消气，对不起，我们有照顾不周的地方，望见谅。"

既然店长都这么说了，那位女孩也就没好说什么，一脸不高兴地走了。

客户走后，刘姐对我说："你怎么能和客户吵起来？"我低头不语，自知错了。

刘姐安慰道，"你的心情我理解，就是想多卖出几件衣服，但是这种事情急不来，你要善于把握客户的心理，锻炼一段时间就知道了。"说着拍拍我的肩膀。

没过多久又来了一位男青年，仍是一副闲逛的样子。这次我有了经验，知道应该从心理上把握客户的行为，于是很有礼貌地问候，男青年表示不客气，并表明只是来看看。

我说："没关系，看看也好，多比较才能买到最称心的东西。"

男青年转了几圈，相中了一件短袖衬衫，并在镜子前比来比去，我及时向其介绍了衣服的特点，并让他试穿一下。由于当时这件衣服与男青年的整体风格非常相符，我就很自然地赞道："这样搭配显得更精神了。"

短短的几句话，没想到竟令对方毫不犹豫地买了，显然，是自己那句赞美的话起了作用，对于一个风华正茂的小伙子来说，正是爱美、爱虚荣的年龄，他们对衣服的要求并不在质量和价位上，而是能否最大限度地获得他人的回头率。

客户走后，店长刘姐表扬我："不错，不要与客户发生无谓的争辩，抓住客户心理才能引导他们去购买，希望继续努力！"

在以后的推销中我不再急功近利，而是尽量站在客户的角度去揣摩他们的心理，让他们心甘情愿地产生购买之心。这段工作虽然很单调，但作为我推销生涯的起点，使我认识到，做销售要抓住客户的购买心理，为以后的路奠定了基础。

同在一家公司，做同样的工作，销售同样的产品，客户为什么就偏偏选择与他／她签约，而不是你？不是客户没需求，而是你不了解客户的心理需求。正如美国销售大师甘道夫博士的一句名言："销售是 2％的产品知识＋ 98％的了解人性"，如图 1-1 所示，其中 98％的人性部分本质上就是客户心理。

01

2％的产品知识

销售

02

98％的了解人性

↓

抓客户心理

图 1-1　销售的本质

上兵伐谋，攻心为上。要想提升销售能力和销售业绩，销售人员必须做好一点：定位客户的心理需求。然后根据客户心理进行有针对性的产品介绍，从而满足客户的某种心理需求。经过总结与归纳，我发现消费者的消费心理大致可以分为两大类：一类是积极心理，另一类是消极心理。具体如表 1-1、表 1-2 所示。

表 1-1　消费者中常见的积极消费心理

类型	表现
求实心理	这是客户在消费时最普遍存在的一种心理动机。此类客户对产品的质量格外重视，而对外形的新颖、美观、色调、线条及"个性"强调不多
求利心理	这是一种"少花钱多办事"的心理动机，其核心是"廉价"，花最少的钱，得到较多利益。此类客户也是最常见的，他们往往更看重产品的价格，即使质量很满意，往往也会因为价格不满意而放弃
求新心理	有这种心理的客户在购买产品时，重视产品的欣赏价值和艺术价值，特别注重产品本身的造型美、色彩美，以及给人带来的精神享受
求美心理	有的客户喜欢赶"潮流"，对比较奇特的产品感兴趣，一般出现在经济条件较好的，思想较开放的城市中，消费群体以年轻男女居多
求名心理	是以一种显示自己的地位、威望为主要目的的购买心理。具有这种心理的客户，多为那些处于社会高层的人，不过，由于名牌效应的影响，为了提高生活质量、个人品位，现在各阶层的人都开始有这种倾向，衣食住行都要选用名牌

从求实、求利，到求新、求美、求名，这种消费心理的转变某种程度上代表了现代消费观念的转变。销售人员要学会根据消费心理的转变，更新推销理念，改变推销方法，只有时时刻刻以客户的消费心理为导向，才能实现更大的消费目标。

表1-2　消费者中常见的消极消费心理

类型	表现
疑虑心理	怀有这种心理的客户，动机过于复杂，其核心是对产品质量、性能、功效以及售后服务持一种质疑的态度，会反复询问，仔细地检查，直到心中的疑虑解除后，才肯掏钱购买
怕被骗心理	这是对产品、对销售人员本人的一种不信任，其核心是怕"上当吃亏"。也许有过失败的购买经历，也许这是道听途说，总之，怀有这种心态的客户很难直接购买，除非你能拿出证据完全消除他们的担忧
仿效心理	这是一种盲目的从众式心理，人云亦云，他们没有自己的主张和主意，只是跟随社会潮流、周围人走。有这种心理的客户往往不是急切需要，而是为了追随他人、超过他人，以求得心理上的平衡和满足
偏好心理	这是一种以满足个人特殊爱好为目的的购买心理。有这类心理动机的客户比较理智，购买的指向性也非常明确，具有经常性和持续性的特点。往往钟爱于某一固定或某一类型的产品。有某种特殊爱好的人居多，例如，爱养花、爱集邮、爱摄影、爱字画等等
隐秘心理	有这种心理的客户购物时不愿被过多地干预，常常采取"秘密行动"。他们一旦选中某件产品而周围无旁人观看时，便迅速成交。青年人购买特殊产品时常有这种情况，一些知名度很高的名人在购买高档产品时，也有类似情况

明确了客户的消极购买心理之后，在推销时就要尽量地去避免，以免引起对方情绪上的抵触。

销售就像谈恋爱，需要用"心"——用"心"销售、用"心"经营。客户的行为是受其心理活动驱动的，这种活动有的是理性的，有的是感性的，但都符合一定的规律。销售人员如果能掌握这些心理规律，并把握客户的思考方式，就会有针对性地采取灵活的销售策略，赢得客户的芳心。

小 贴 士

　　人与人交往是心智与心智的较量。谁能在心理上占据优势、俘获客户的心，谁能给客户在情感利益方面更多的满足，谁就能赢得客户，谁就能达到自己销售的目的，这是销售的最高境界。

1.2　洞察人心，理清客户的购买心理脉络

　　有人说，销售是一种技巧，我认为更多的是一种心理上的博弈。拥有再多的技巧，若不懂客户心理，也很难成功。同样，只要能看懂客户的心理，即使没有高超的技巧也一样可以征服客户。

　　销售工作的成败首先取决于懂心理，其次才是技巧。客户在购买过程中心理将会发生一系列复杂、微妙的变化，而且这个变化是一个不断变化式的过程。比如，受到外部因素、自身的因素，或者产品本身因素的影响，产品的价格、付款方式等等，任何一点风吹草动都有可能促使客户心理发生改变。

　　客户的心理对推销的成败有至关重要的影响，因此，作为销售人员要时刻关注客户购买心理的变化，根据客户的心理特征有针对性地推销。

案例

　　小峰是某家具城的导购员，不久前接待了客户温先生。对方新公司开业，需要添置一套真皮沙发。温先生和太太看过几家家具店都不太满意，来到小峰家具城才有看上眼的。

　　温先生一进门就特地说明了自己的想法，小峰听后就带他们到了真皮沙发区域。温先生看了第一套就觉得非常满意，当得知价格之后露出了惊讶之情，比他预计的要足足多出一半费用。看着沙发，在周围走来走去，还时不时地坐在沙发上试试，努力向后靠，双手拍拍两边的扶手，似乎十分满意。

试过之后，温先生再度表示了疑惑，"这两款材料一样吗？"

"对，材料都是完全真皮的，垫子的顶端、扶手还有向后靠容易磨损的部位还专门加厚了。"

而后，温先生似乎在考虑什么，此时的小峰并不着急，因为他预料到客户一定对这款沙发产生了兴趣，否则不会在此逗留这么久。客户之所以不敢下决心立即购买，可能是对此价格仍存有怀疑，如果再让他多看几款进行一番比较的话，这种顾虑肯定能打消。

接下来小峰建议温先生再看看另一款，来到这边后，温先生立即对一款与刚才极其相似的沙发产生了兴趣。

只见温先生走过去仔细地查看了一下，又问了价格，但令他惊讶的是这款沙发价格竟然比刚才少500元。温先生立刻问道："为何这张会便宜这么多？"小峰说："这款是促销价。"

温先生陷入难以抉择的两难境地。小峰很快打消了他的这一顾虑，说："我觉得，在办公室还是摆放小一点的沙发比较合适，三四个人坐一张沙发足够了，再多难免会尴尬。如果您需要同时招待几位客人，可以买两张或三张这样的沙发。"

在小峰的建议下，客户最终购买了两张小款的沙发，还非常感激小峰，直夸他是个有心人。

小峰在与温先生的交流中抓住了对方的心理（客户细小的动作已经充分暴露了自己的购买意向）。因此，当客户无法下定决心时，小峰选择对比策略，通过比较成功说服了客户。

客户的心理变化具有阶段性、连续性的特点，把控不好的话其他环节都有可能出问题。作为销售人员，成功的关键是在与客户初步交谈之后，立即判断出客户心理处于什么状态，以便决定采取什么样的应对方式。

只有把握好客户每一阶段的心理特征，才能促使销售行为按照自己的预想顺利完成。一个客户完成一次购买过程，心理变化一般经过8个阶段，如图1-2所示。

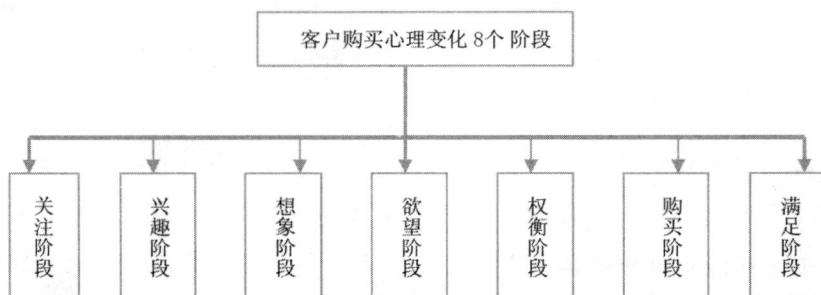

图 1-2　客户购买心理的变化阶段

（客户购买心理变化 8 个阶段 → 关注阶段／兴趣阶段／想象阶段／欲望阶段／权衡阶段／购买阶段／满足阶段）

（1）关注阶段

客户开始关注产品，是准备购买的前奏，只有有了足够的关注才可能产生购买之心。如果客户想买，往往就会主动去看一看，初步了解，或请销售人员拿出对应的产品，观看、询问。

（2）兴趣阶段

客户对产品进行关注之后，一般会出现两种选择：一种是直接走人，另一种是持续关注。持续关注的那部分人一定是对产品产生兴趣，想进一步了解。这时，他们会注意到该产品的其他方面，比如价格、功能功效、使用方法等。

（3）想象阶段

一旦客户对产品产生了兴趣就会产生联想，联想拥有之后的情形。比如，对某药品，就会想象服药后疾病痊愈效果；对某饰品，就会想象戴在身上光彩夺人的效果。联想，是所有客户在对某产品产生兴趣后会有的一种心理活动，在购买过程中起着举足轻重的作用，它直接关系到客户购买意愿的大小。

这时候，销售人员也可以根据这种心理适度地激发客户的想象力，让客户充分认可产品的未来效果，以丰富他的联想，促使他下定决心。

（4）欲望阶段

如果客户对某产品未来的使用效果有一个正面的、积极的联想，他一定会产生购买欲望。这个时候，问题也就产生了，不少人在心里又会产生各种疑问：

我到底该不该购买呢？有没有比这种更好的呢？

（5）权衡阶段

当一个人的购买欲被激发出来之后，心中往往就打起了小算盘，多方比较权衡。这样的心理我们都理解，货比三家，谁都想买到最好的产品。其实，这种心理不是对你产品的质疑，而是对你本人的猜测和质疑。

客户表现出犹豫不决时，正是销售人员为客户进行讲解的最佳时机。对于销售人员来讲，最好的方法是打消他们的这种念想。直接告诉他们，我的产品就是最好的。

（6）信心阶段

在经过一番权衡之后，对产品就建立了信心，这时客户就会决定购买，这一信心可能来源于3个方面，如图1-3所示。

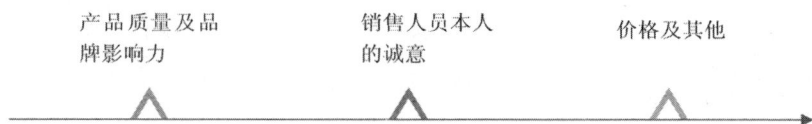

产品质量及品　　　　销售人员本人　　　价格及其他
牌影响力　　　　　　的诚意

图1-3　客户购买信心的来源

优秀的销售人员应该懂得从以上3个方面"全面进攻"，全方位帮助客户建立购买信心。

（7）购买阶段

建立信心之后，客户一般会下定决心购买产品，这时销售人员应当迅速办理相关手续，比如，收清货款、包装产品等，千万不要耽误了良机。

（8）满足阶段

在完成购买之后，客户一般都会有一种满足感，这一感觉来源于享受到店员优质服务的喜悦；其次是产品使用后产生的满足感，这一感觉直接决定了客户下一次还会不会光临本店。如果在购得一种产品之后，客户能够同时获得两种满足感，那他一定会成为那家商店的忠实客户。

了解了客户购买产品时心理活动的 8 个阶段之后，我们就知道如何准确得体地接待一名客户的具体步骤了。

小 贴 士

由于人的购买行为是受一定的购买动机或者多种购买动机支配的，因此，推销前，销售人员一定要了解客户的动机，知道对方在想什么，明确对方心理变化轨迹，以便找出更好的应对措施。

1.3 做销售就像号脉，做好望闻问切

面对客户的拒绝，每个销售人员心头都有一个大大的问号：如何化解客户的这些拒绝。我以前在很多销售类书籍中看到过这样一种方法：望、闻、问、切。开始有些不理解，经过一番深入研究，我认为这还真是一种非常实用、有效的方法。它综合了人的视觉、嗅觉等各大生理系统，可以从各个层面去影响客户的心理，以达到全方位调动的作用。

望、闻、问、切是中医给病人看病常用的四种方式，又称为"四诊"。望，乃观气色；闻，乃听声息；问；是指询问症状；切，是摸脉象。它是中医了解病人病情的基础和根本。在销售中，销售员之于客户就好比医生之于病人。给客户诊断病情，开最能帮助客户解决病情的药方，是销售员的本职所在。因此，"望、闻、问、切"四字也是销售人员洞察客户内心，成功实现销售的必备技能。

在这里，就为大家分享一下我自己的感受，如何用"望、闻、问、切"法与客户沟通。"望、闻、问、切"法要点如图 1-4 所示。

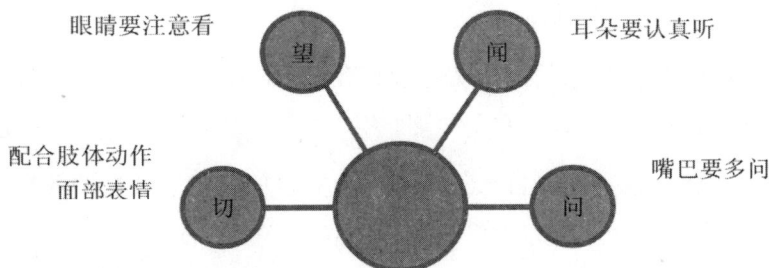

图 1-4 "望、闻、问、切"法要点

（1）望：眼睛要注意看

"望"，强调的是观察的技巧，核心是通过对客户的外表、衣着、举止、面部表情的观察，来了解他们的性格、爱好、品位，以及心理需求。

观察的技巧贯穿于整个销售过程中，尤其是在与客户建立良好关系时，很有价值。在与客户沟通过程中，客户的一个眼神、一个表情、一个不经意的动作，都是他心理状况的反映，一名优秀的销售人员一定要善于把握并适时地给予回应。同样，客户周围的环境，具体可以指他的办公室的布局和陈列风格，也在一定程度上反映了该客户的行为模式，为我们如何与之建立长期关系提供了必要的信息。

（2）闻：耳朵要认真听

"闻"强调的是听的技巧，核心是聆听客户说话的语气、特点、细节等，发现客户的心理变化以及情感的起伏，听出话外之音。

这其中包括专心地倾听和适时地确认。在与客户电话联系或是面对面交流时，一定要专心而认真地听客户的讲话，一定要带有目的地去听，从中发掘客户有意或无意流露出的对销售有利的信息。

在听的过程中适时地插问，一方面表达了对客户的尊重和重视，另一方面有助于正确理解客户所要表达的意思，从而确保销售人员掌握信息的正确性和准确性，可以达到很好的沟通效果。

（3）问：嘴巴要多问

销售中的"问"，就是问的技巧，通过有针对性的问，从客户的回答中，发现客户的真实心理，并对其进行因势利导和有效的说服。在获取一些基本信息后，提问可以帮助销售人员了解客户的需要、客户的顾虑以及影响他做出决定的因素。

同时在沟通气氛不是很自然的情况下，可以问一些一般性的问题、客户感兴趣的问题，暂时脱离正题以缓解气氛，使双方轻松起来。

时机成熟时可以问一些引导性的问题，渐渐步入正题，激发客户对产品的兴趣，挖掘客户的迫切需求。比如，如果不及时购买该产品可能会造成的后果，而购买了该产品又会有什么好处等，最终经过权衡利弊就认为立即购买是非常值得的，这就是引导性提问要达到的效果。这时，销售人员就需要从客户那里得到一个结论性的答复，可以问一些结论性的问题，以锁定该销售过程的成果。

在与客户沟通的整个过程中，要与客户思维进度的频率保持基本一致，不可操之过急，在时机不成熟时急于要求签单，容易前功尽弃；也不该错失良机，即在该提出签单要求时又担心遭到拒绝而贻误机会。

（4）切：配合肢体动作、面部表情

在与客户交谈过程中，是否善于察言观色、读懂客户的身体语言，直接或间接地关系到营销成败。因为有时几个不起眼的手势，一次恰到好处的微笑，一种不经意选择的姿势，就可能决定了你的成败。

作为销售新人必须明白，客户可以在语言上伪装自己，但是身体语言却经常会"出卖"他们，因此，解译客户的身体密码，可以摸清客户的内心想法，从而制订有针对性的销售策略，实现销售目标。

销售原本就是一门语言艺术，语言并不仅仅局限于雄辩的口才，也包括身体语言。身体也会"说话"，它无声地向外界透露多种信息。所以，一个成功的销售人员需要掌握必要的肢体语言知识，看得懂对方身体各个部位发出的语言信号，以及会用身体语言去影响客户。

小 贴 士

　　由中医演变而来的"望、闻、问、切"四法，是销售人员窥探客户内心的四大利器，可以保证你从不同的层面去了解客户，把握需求。因此，销售人员在与客户交流时要保持高度集中的注意力，善于察言观色，耳听八方。

第 2 章

认同术，走进客户心里获好感

先有认同才有合同，说服客户购买的前提是先获得客户的认同，与对方建立比较密切的关系，引起对方的谈话兴趣，在这个前提下，双方才能进行更深入的沟通。因此，销售能否成功，很大程度上取决于客户对销售人员本身的认同程度。

2.1 消除陌生感，拉近与客户的距离

现在很多人都爱养宠物猫、宠物狗，在长期的饲养过程中，由于这些可爱的小动物与主人产生了感情，因此特别乐于主动与主人去亲近、去嬉闹。但在面对陌生人时则会变得不安分起来，或狂躁，或乱叫。其实，人与人之间的交往也存在这种现象，每个人都倾向于与自己熟悉的人交流，而与陌生人交流时则会有陌生感，很难短时间内打开心扉。

这就告诉销售人员，若想取得客户的认可，就必须先消除与对方的陌生感，主动接近对方，拉近与对方的距离。

很多销售人员之所以能轻而易举地获得消费者的认可，最重要的原因就是善于运用"自己人"心理效应。在谈话过程中不去过多地谈产品，而是从情感角度出发，大打情感牌，找到产品与消费者的情感连接点，或某种关联，从而激发消费者的情感共鸣，让其对产品产生信任和依赖。

在接近客户时，我们也可以运用这种效应来接近对方，消除对方对我们的陌生感。那么，如何让客户把我们当做"自己人"来看待呢？可以从语言、心态两个方面入手，具体如图 2-1 所示。

语言

注意语言的表达技巧

心态

帮助客户消除恐惧心理

图 2-1 消除客户陌生感的方式

（1）注意语言表达技巧

要想在短时间内拉近与客户的距离，必须让对方心理上产生似曾相识的感觉，情感上产生惺惺相惜的共鸣。这些效果完全可以用语言表达出来。比如，例子中"我和你们一样"这样的表述，由于有了相同的经历，就可以瞬间拉近与客户的距离。类似的词语还有很多，比如，"我们""咱们""我和你们""大家"等等，这些话虽简单却能大大强化"自己人"效应，在其深度、广度、动机、效果上都超过其他话语。

（2）帮助客户消除质疑、恐惧心理

日常生活中，大多数人已经习惯对陌生人或物冷漠以对，面对陌生的销售人员、陌生的产品，客户难免会有担忧之心。这时销售人员欲接近客户，最该做的就是帮助客户消除心中的顾虑和担忧。比如，你的一丝微笑、一句赞美都可以令谈话气氛轻松愉快起来。如果你发现了客户的特长，可以这样说："我知道你是这方面的专家，能不能重新给我演示一遍。"

小 贴 士

让客户喜欢自己，按照自己的建议去做，应当用"自己人"效应去调节心理，使之走向平衡、和谐的状态。还要牢牢记住下面这句话：要使客户接受自己，必须先让自己成为与客户一样的人。

2.2 抓住客户的好奇心来个出其不意

一个90后网店店主爆红网络，原因是他亲自操刀的一幅"卖萌"宣传画。该店铺卖的是"英伦时尚西服"，在做宣传时故意将宣传画上的人物丑化：一个面目狰狞，无厘头的胖脑。旁边配着歪歪扭扭一句话："美工突然辞职！不会作

图啊！很厚实的男装，再穷也要买一件！真材实料！"

在微博上一发，很多人纷纷被店主的幽默给震撼了。表示"店主太逗了，这卖的什么西服么""衣服长什么样感觉很刺激，300 元买一份惊喜"。由此，淘宝店也销量暴增。

这张看起来很"拙"的宣传画，却带来了众网友围观调侃，"出奇制胜"往往是能最大限度地激发对方强烈好奇心理的方式之一。人们对未知的事物都有一种好奇，当对某件事情或某个人不了解的时候，无形中就有进一步了解的欲望。

这就是心理学上的"好奇心理"，好奇心是人类行为动机中最有力的一种，激发好奇心是一种非常有效的销售方法。销售人员在面对客户时同样可以利用他们的这种心理。通过设置悬念，出其不意，制造氛围，激发客户的好奇心。我们来看一个真实的案例——鲍洛奇推销香蕉的故事。

☆ 案例

鲍洛奇，名副其实的中国通，旗下有"重庆食品公司""鲍洛奇食品公司"等几家以中国风味为主的食品公司。早年他是水果店的送货员，当时就展现出了他人无法比拟的智慧。

一次，贮藏水果的冷冻厂发生了火灾，16 箱香蕉在大火中被烤焦。老板认为，这些香蕉已经变成一堆垃圾，扔掉算了。只有鲍洛奇说反而是一件好事，因为这些香蕉只是烤焦了表皮，同时，由于火烤的原因，果肉还别具味道。于是他提议，到大街上将这些香蕉卖掉。

一大早，鲍洛奇就来到大街上，路人看着这些黄中带黑的香蕉，没有一个主动购买。

这时，他喊起来，"新鲜的阿根廷进口香蕉，风味独特，数量有限，只此一家，快来买呀！"很快，摊前就围了一大群人，众人盯着这些"阿根廷香蕉"有些犹豫，不知道是不是真的。看到这么多人围到摊位前，鲍洛奇注意到一位穿着得体的女士有购买之意，但始终没有拿定主意。

于是，鲍洛奇决定从她身上打开突破口。

"小姐，阿根廷香蕉！最新鲜的，您尝尝？"

这位女士尝了一口，立刻被奇特的味道吸引住了，兴奋地说，"这些香蕉有点烤地瓜的味道。"

"这正是它的独特之处，盛产于阿根廷海岸的香蕉，阳光充足，水分多，所以味道独特！"

"味道确实与众不同，我买8磅（约3.6千克）。"小姐立刻说。

看到这位小姐购买，半信半疑的围观者纷纷开始购买，不一会儿，所有的香蕉全部卖出去了，价格比普通香蕉还贵。

这个例子中鲍洛奇有过分之处，不该编造产地，但他充分利用了围观者的好奇心理，通过对"烤焦"香蕉一番渲染吊起客户急于了解的心理。利用人们与生俱来的好奇心理作为攻坚利器，制造一些悬念，往往能极大地引起客户的注意力和兴趣。人的好奇心就是这么奇怪，在你满足了他的好奇心时，对方也会自觉地接受你的意见。

销售人员要利用一切办法使客户对产品产生好奇，利用他们的好奇心理促使购买。然而，唤起客户好奇心却不是一件容易的事，方法不当反而会起到反作用。所以，在唤起客户好奇心时还需要掌握必要的技巧，具体如图2-2所示。

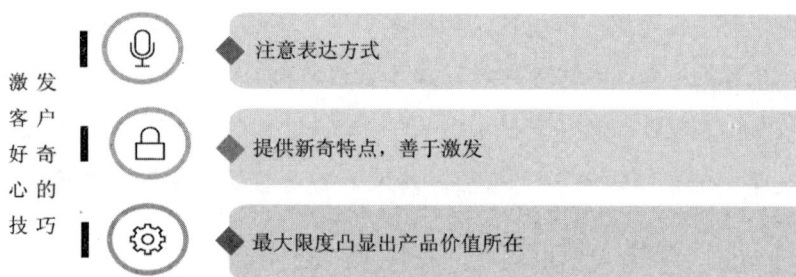

激发客户好奇心的技巧

🎤 ◆ 注意表达方式

🔒 ◆ 提供新奇特点，善于激发

⚙ ◆ 最大限度凸显出产品价值所在

图 2-2　激发客户好奇心的技巧

（1）注意表达方式

良好的沟通技巧可以引起客户的好奇心，同一种产品经不同的语言表达方式就会收到截然不同的效果。

比如，你预约客户时问对方有没有时间，如果直接问"有时间吗？"对方很可能会直接拒绝。而问"明天我们公司有一个供销商见面会，特地向您发出参加邀请"，对方大多数时候会做出肯定答复，甚至有可能问询参会的细节。

其实，这就是说话的技巧。采用一个刺激性的问题或陈述，令客户对未来产生期待、幻想，就容易激发客户的好奇心，引导潜在客户做出令你满意的决定。

（2）提供新奇特点，善于激发

对于客户的好奇心，我们只能不断地激发，否则只能使客户好奇心越来越弱，大大降低他们对产品的期望值。

对于客户来讲，他们在购买前最急于知道的就是产品信息，越多越好。如果你把所有的信息都告诉了对方，或者一直持续不断给对方提供，一旦对方认为这些信息对自己没用，就会果断抛弃。但是如果只给他们提供一部分信息，反而更容易激发他们进一步了解的欲望。

（3）最大限度凸显出产品价值所在

真正能引起客户好奇心的还是产品本身。也就说，销售人员要把产品的价值传递给客户，让客户认识到购买该产品确实对自己有利。不过，在这里有个小策略，即只是显露价值的冰山一角。

因为我们要把这种价值当做诱饵，使客户主动邀请你进一步讨论他们的需求和你所能提供的解决方案，获得更多的信息。当客户开口询问时，就达到了主要的目的。其实，这种技巧实际上就是利用新奇、有价值的东西，抛砖引玉，引导客户逐渐产生购买之心。

小 贴 士

销售员不要总是想方设法去满足客户的好奇心，而是要努力激发。当你成功激发起客户的好奇心之后，他们无形中就会感觉该产品充满了神秘感，进而有进一步了解的欲望。

2.3 尊重心理，时刻表达对客户的尊重

我是一个非常懂得尊重客户的人，产品卖得好，业绩棒都是源自于我懂得尊重客户。有一个同事曾经问过我："你是怎么做到的？"我的回答很简单："我卖的不是车，是尊重。"

我既是这么说的，也是这么做的，每一位走进公司的客户都成了我的朋友。几年来，每见到一位客户，无论对方是年轻人还是老年人，是贫穷还是富有，我都一视同仁，热情相迎，积极交流。

销售人员要尊重每一位客户，无论对方是否购买你的产品，都要重视起来，并表示心怀感激。而对于客户的失误、过错，则最大限度地表示理解和宽容，并想办法采取措施共同解决，找出补救和解决的方案，这样客户会从心底里感激你。

★ 案例

一次培训课上，偶尔看到一学员的笔记本上记录着很多客户的名字，令我诧异的是，还分别用不同颜色标注出来，有红色的，有蓝色的……好奇之下我问他这都代表什么，学员告诉我，代表着不同购买意向的客户。

"根据什么划分呢？"我继续问。

这位学员得意洋洋地说，"当然是购买力了，有钱的客户都用红色划出来，没钱的都用绿色划出来。"

"客户会把有钱没钱刻在脸上吗？"

"那倒不会。"学员诧异地看着我。

最后我告诉他："那你最好不要以钱给客户分类。"

作为销售人员，这种做法是要不得的，因为这不仅仅是一个独立行为，而是反映了你对客户是否足够尊重。你不尊重客户，产品的质量再好对方也不会去购买。

很多销售人员总爱把客户分为三六九等，戴着有色眼镜看人。对于有购买意向的客户满脸堆笑，毕恭毕敬；对没有购买意向或者缺乏购买能力的客户则恶言相加。每个人都有被尊重、被认可的心理需要。美国心理学家马斯洛曾对人的需求进行分析，其中自尊和自我实现是人最高层次的心理需求，它一般表现为荣誉感和成就感，而荣誉和成就的取得来自社会的认可，他人真心实意的尊重。

因此，向客户表达尊重、敬仰之意是取得客户认可的基础，要想处理好客户关系，必须学会尊重客户，在这个前提下才能进一步展开沟通。

下面介绍几种表达尊重的方法，如图 2-3 所示。

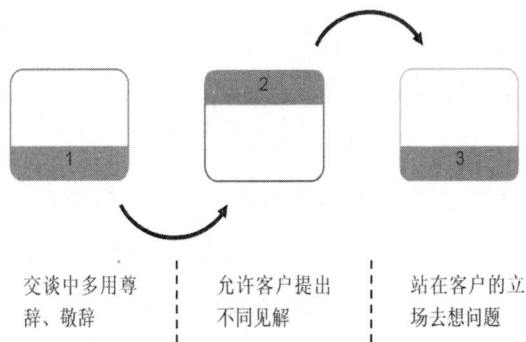

图 2-3　表达尊重的方式

（1）交谈中多用尊辞、敬辞

"说者无心，听者有意"，双方在交流过程中经常因为词不达意，用词不当产生歧义。你或许觉得无所谓，但客户无形中受到了伤害。不同的措辞传达着不同的信息，销售人员在向客户表达尊重之意时，尽量多使用一些含有积极意义的尊辞、敬辞。比如，客户比你早到约定地点，你要说"非常感谢您的耐心等待"。

销售人员在说话时，措辞的选择是非常重要的，表示尊重的词语通常有：久仰、敬仰、恭敬、敬重、敬爱、崇敬、尊崇、爱戴、推崇、敬佩；贵公司、贵厂、贵方。

（2）允许客户提出不同见解

古人讲"十里不同风，百里不同俗"，每个人受教育的程度不一样，所处的环境不一样，对同一事物的看法也不一样，鉴于此，接受别人实际上就是对他人最大的尊重。客户提出异议，销售人员不要置之不理，更不要一味地争论，非要争出一个谁高谁低。这是不理解、不尊重的表现。

正确的做法是，容忍客户不同意见的存在，然后根据实际情况进行有针对性的化解。其实，客户的异议对销售人员来说也是一次改进提高的机会。试想，如果对方都把自己的不快和异议藏在心里，不表现出来，就像一颗炸弹，说不定什么时候就会爆炸，反而对推销不利。

（3）多站在客户的立场去想问题

销售人员经常遇到这样的情况，虽无恶意，客户却有受侮辱、被讽刺和被取笑的感觉。比如，对方正在犹豫是否买某件产品，销售人员冒昧地问"为什么不买"，这时，如果对方正在因价格高而没有足够的购买能力时，就会有被羞辱的感觉。出现这样的反差，主要与销售人员在说话时候没有充分考虑对方的立场有关。销售人员必须学会站在客户的立场考虑问题，对方正在犹豫，要仔细询问对方犹豫的原因，而不是一味催促。

尊重客户才能得到客户的尊重，也只有主动、适当地满足客户的这种心理需求，才能获得更大的市场，最终提高销售的成功率。

小 贴 士

买卖是建立在双方平等的基础上，销售人员现客户推销时要充分尊重客户，尊重客户的想法、做法。同时，也要有自己的原则，不过度献殷勤，否则都会失去交流的主动权。

2.4 给客户以积极的期待

日常生活中，我们或许都看过这样一种现象：当一个人无法得到他人关注和期待时，就可能会消沉，甚至就一直平庸下去；而当他被周围人寄予厚望并得到频频鼓励时，却能宛若新生，迸发出巨大的能量，做出一番令人不可思议的"壮举"。这就是他人的期待对自身的一种促进作用。

这种现象与一种心理效应不谋而合。美国著名心理学家罗森塔尔和雅各布森通过大量实验得出结论：双方谈话时，一方充沛的感情、较高的期望可引起另一方心理发生同样的变化，他将这种心理现象称为"皮革马利翁效应"，又叫"期待效应"。

从这个角度来看，销售人员在推销产品之前应该给客户营造一个积极的、美好的期待，让对方感到"你的话似乎还没完""继续听下去也许有更大的收获"。

美国著名理财师大卫·罗宾逊就非常擅长运用此种方法，他每次向客户推销时从不直接介绍产品，而是故意卖关子，让客户感到似乎总有悬而未决的事情，使客户总是充满期待地与他交谈。

大卫为何能如此轻松地取得订单，最主要的原因是他能不断地为客户营造一个巨大的想象空间，先一再强调事情的重要性，后又要量身定做，虚虚实实，难怪客户会充满期待。内心期待对心理有一种潜移默化的影响，当客户充满期待地急于了解你的产品时，要比被动地接受你的推销好得多，因为他内心想进一步了解的欲望已经被激发出来了。

反之，很多销售人员都无法做到这一点，他们几乎是强迫客户听自己讲话。要想让客户愿意与你接触，必须让他们对你或产品充满期待。即使遭到对方的拒绝和冷眼，也要给其一种积极的心理暗示，并且能把这种暗示转变为行动。

（1）创造良好的心理环境

在我家门口近百米的地方有两家超市，甲超市和乙超市，甲超市在左，乙超市在右。每次买东西的时候我都习惯左转，其实，小区中其他人也和我有一样的习惯。

一样的距离，一样的产品，一样的价格，为什么大家更喜欢去甲超市？我也找出了其中原因，只是因为购物环境的不同。比如，就拿水果、蔬菜区来对比，甲超市的商品排列像一幅静物写生画那样具有艺术性，而乙超市的摆放则非常凌乱。可见产品的美感能撩起客户的购买欲望。

事实证明，人的心理状态与当时周围的环境息息相关，要使客户有一种良好的期待心理，树立"我要购买"的信念，首先必须创造一个有利于这种心理形成的外在环境。当客户处于这样的大环境中一段时间后，自然会出现与这种环境相匹配的行为。

（2）避免在客户面前呈现消极心态

很多销售人员呈现在客户面前的始终是一副消极心态。这与推销工作本身有很大的关系。推销需要与陌生人打交道，在很多场合销售人员是处于被动的地位，容易遭到对方的拒绝。遭到客户冷眼和拒绝是必然的，但是不能因为这些破坏了心情。

很多时候客户认同的不仅仅是你的产品，还有你的态度和服务！态度不好、服务差的销售人员常常给人一种"拒人千里之外"的感觉，让对方无法接近你。所以，如何在客户面前展示出自己最好的一面，是成功销售的前提。

小 贴 士

在向客户推销某产品时尽量让对方置于一个有利于购买的环境中。比如，布置购买氛围，创造体验机会，制造抢购场景。或者通过特定的动作和场景，运用各种各样的肢体动作向客户展示某件产品，使之更好地了解产品特性或某项服务的优点。

2.5　巧用问题引导客户

爱因斯坦曾经说过："提出一个问题，往往比解决一个问题更重要。"解决一个问题只是知识技能的简单运用，而提出一个新问题则需要有创造性的思维。真正会沟通的人，必定是一个会提问的高手。在唇枪舌剑中，被动地回答只能被对方左右，而巧妙地提问则能占据主动。

销售人员在与客户交流时不能被动回答，否则思维就容易被客户控制，从而失去谈话的主动权。提问是引导话题、展开交谈的一个好方法。对于欲购买产品的客户，销售人员有时通过提问的方法引导，让他们自我排除疑虑，自己找出答案。

案例

一位销售人员向某司机推销重型卡车轮胎，对方看中一款750元左右的轮胎，而且对方的心理价位也是这个价。为了说服对方购买另外一款1000元的轮胎，这位销售人员施展出了自己的出色口才。

司机："1000元一条轮胎，不太靠谱。"

销售人员："您别只顾看价格，毕竟一分价钱一分货，您总承认这点吧？"司机点点头。

这位销售人员继续说："我没猜错的话，载重是影响轮胎寿命的最关键因素，对吗？"

司机："对。"

销售人员："我想问一下，您每次运货量是多少？"

司机："有时多，有时少，但不会超出两吨。"

销售人员："您冬天出车多，还是夏天多？"

司机："冬天多。这与天气有关吗？"

销售人员："是这样的,我帮您分析一下,您在冬季出车时间较长,这样轮胎势必需要安防滑链,这对轮胎的损伤很大,轮胎所承受的压力就要比正常情况下大很多。如果您选择载重相当的车型,其寿命将会大打折扣,甚至会影响到车的使用寿命,所以,您在选择购车时是否应该留有余地?"

司机:"这与天气还有关系,你的意思是?"

销售人员:"从长远利益来看,我认为必须选择承受能力稍大一点的。"

经过这样一番讨论,这位司机买了12条1000元的轮胎。

在销售中,巧妙地提出问题是非常重要的,通过与客户的一问一答逐渐把客户的谈话引到自己的思路上来。启发对方去思考,发表自己意见与看法,然后再对症下药,逐渐找到目标。那么,在设计问题的时候应该注意哪些方面呢?

巧妙的提问营造出良好的交谈氛围,能让你在与客户谈判时掌握主动权。但是很多销售人员容易把提问变为质问,反而使客户更加厌烦。那么,销售人员该怎样正确地提问呢?

(1)把握提问的时机

适时的提问是掌握谈话进程,争取主动的一个机会,但是何时提问确实非常有讲究:通常来讲需要抓住以下3个时机。

其一,在自己发言时。谈话中出现的第一个提问时机在自己发言时,此时并不一定要求对方做出回答,而是自问自答。这样做是为了最大限度地争取主动,防止对方接过话头,打断自己发言。例如:

"您刚才的发言要说明什么问题呢?我的理解是……"

"对这个问题,我谈几点看法……价格问题,您讲得很清楚,但质量怎样呢?"

一般来讲,当充分阐述了己方的观点之后,对方不便于马上打断你,从而使得谈话沿着自己的思路走下去。

其二,在对方发言停顿、间歇时。如果对方发言时间过长,你可以利用对方阶段性的停顿,或间歇时,巧妙插话。值得注意的是,由于打断别人的发言是不礼貌的,所以一定要找准插话的时机。比如,对方的话不得要领,或过于纠缠细节，或跑题太远，这时你就可以借他停顿、间歇时提问：

"您的意思是……细节问题以后再谈。"

"请谈谈您的主要观点好吗？……"

"第一个问题我们听懂了，那第二个问题呢？"

这些问题可以及时提醒客户，防止客户出现不相干的内容。

其三，对方讲话完毕时。对方发言时，你要积极倾听。不要急于提问，容易引起别人反感。即使你发现了对方的问题，急于提问，也不要打断对方，可先把想到的问题记下来，等对方发言完毕再提问。这样，不仅体现了自己的修养，而且能全面、完整地了解对方的观点和意图，避免操之过急，曲解或误解了对方的意图。

（2）选择正确的提问方式

提问可分为几种功能：一是通过发问来了解自己不熟悉的情况，不知道的信息；二是引起对方的注意，为他的思考提供既定的方向；三是将对方的思路引导到某个要点上；四是可以传达自己的感受，引起对方的思考；五是打破冷场，避免僵局；六是可以控制谈判的方向，使话题趋向结论。

在提问时需要掌握一定的发问技巧，常见的有 6 种，如表 2-1 所示。

表 2-1　销售人员与客户交流时常见的提问方式

提问方式	定义	例句
请教式提问	利用人性趋向性，抬高对方的价值，让对方心甘情愿回答问题	能不能打扰您几分钟，请教几个问题？ 打扰一下，能问您几个问题吗
引导式提问	先通过陈述一个事实，然后再根据这个事实发问，让对方给出相应的信息	我们公司最近联合众企业举办了一次高层论坛会议，得到了广泛重视与认同。您是否能接受我们的邀请呢
限制式提问	把答案限制到一个很窄的范围内，让客户做出选择的问题	您加一个鸡蛋还是两个鸡蛋？ 您选红色的还是绿色的

提问方式	定义	例句
建议式提问	用一种商量、商讨的口气，语气平和地向对方提出问题，引导客户向自己有利的方向去思考	我们应该赶快确定下来，您认为呢？ 选择保湿效果明显些的吧，这样有利于滋养皮肤，您认为呢
探求式提问	采用5W1H的原则提问，向客户了解一些基本的事实与情况	您能告诉我，这是为什么吗？ 我可不可以这样理解您的意思
肯定式提问	肯定型的语气往往能够有效帮助对方做出正面的回答，且可以让客户按照你指引的方向做出回答	您一定很想在人才管理方面积累更多的经验，是吧？ 您一定愿意接触更多的企业家，扩展自己的人脉，是吧

（3）化解提问时出现的尴尬局面

如果你提的问题对方一时回答不上来或不愿回答，不要生硬地追问，要善于转换话题。如果对方仅仅是因为羞怯而不爱讲话，你就应先问点儿无关的事，比如问问他工作或学习的情况，等气氛缓和了，再把话题转入正轨。

比如，为了工作，同事间偶尔会出现尴尬的场面，巧妙的提问特别有用，使大家可以表达自己意见，同时又不会凌驾于别人之上。比如，一位同事走进你的办公室来闲聊，你可能要因此失去宝贵的半小时。试一试下面的问题："能否约个时间明天聊？""能否等我干完手头的活再聊？"或者"等晚些时候我有空再请你来好吗？"

提问是我们人际交往中不可缺少的重要手段，恰到好处的提问能激发对方的谈话兴趣，有时能使对方含糊不清的想法变得明晰，还可以给人以灵感。巧妙的提问可以把散乱的信息像珠子一样串起来，使不相关的东西变成一个有机整体，使交谈更愉快、顺利。

小 贴 士

主动提问，是促成交易的一种重要技巧，可以有效地控制整个谈话过程，获得更多的信息，真正了解对方的内心。在销售过程中，提出更多、更妙的问题，可以把握推销的主动权。

2.6 注意倾听，有时沉默比诉说更有效

据说，爱迪生为凑钱建造实验室想卖掉一项发明专利，但不知道该卖多少钱。于是，跟妻子商量，而妻子也不知道这项技术究竟值多少钱，咬一咬牙，狠心地说："要两万美元吧"。

爱迪生笑着说："两万美元，太多了吧？"

后来一个商人对这项技术感兴趣，便与爱迪生商谈起来。由于认为两万美元太高了，当商人问到价钱时，爱迪生一直不好意思开口。商人几次追问，爱迪生始终保持沉默。最后，商人终于耐不住性子了，"那我先出个价吧，10万美元，怎么样？"爱迪生爽快地答应了。

这个例子成为"沉默是金"的典型。心理学上古德曼定律讲的就是沉默的作用。这个定律最早由美国加州大学心理学教授古德曼提出，其基本原理是没有沉默就没有沟通。这个定律强调的是，最能干的人不一定是最能说的人，当你能够心领神会的时候，沉默便胜过千言万语。

有时候，保持沉默在人际交往中同样有效，作为销售人员，在与客户交流时不需要滔滔不绝地单方陈述，要知道什么时候该保持沉默，为客户提供无声的服务。

案例

东京银座有一个化妆品专卖店，生意非常红火。该店成功经营的秘诀是"无声服务"，进店的客户一律自主选购产品，除非客户主动要求，否则售货员全程都不会参与。目的就是为客户创造一个完全独立的空间和自主挑选的环境。

这种独特的做法受到了许多女性客户的欢迎，该专卖店总是拥有比较固定的消费者群。

无独有偶，香港一家女性内衣专营店是同样的策略。

该店店门紧闭着，没有一个导购员，只有两名保安（女）和一名收银员。该店只允许女客户进入，四周挂满镜子，各式各样的内衣挂在架子上，并放有三围测量表，内衣着装指南、软尺，以及其他宣传品等。客户可以在宽敞的店内脱下自己的衣服，任意试穿，不会受到任何干扰。

再加上该店内衣品种多样，进入该店的女士都会选择几件。

该店的经营策略，就是巧妙地抓住了女性购买内衣时"怕被打扰"的微妙心理，运用古德曼定律为她们创造了一个良好的购物环境，从而吸引了越来越多的消费者。

这说明，在特定的情况之下，沉默更有说服力。以上述案例为例，如果女士想买一件文胸，店里的男导购员主动上来服务，还说了一大堆"要不要帮挑"之类的话，对方是不是感到很尴尬？即使是女导购员，如果拿一件在自己胸前比划起来，再加上大声嚷嚷几句："你的和我的差不多，这一件你穿上肯定天衣无缝！"等，这类过度热情也是一般客户难以接受的。

其实，在这种情况下不在于讲话者是男是女，关键在于此时此刻不便于过多地说话，话多反而会事与愿违。习惯上，我们一直把"说"当做推销的主旋律，许多大商场订立"服务准则"，要求导购员必须做到热情服务；许多销售人员不顾一切地与客户抢话说，过于专注自己的"三寸不烂之功"。

只顾自己不停地说，却忽略了适当地保持沉默，结果在"逞口舌之强"的同时也失去了客户。尤其在一些特定的场合，常常会因为一句不合时宜的话将自己逼入死角。古德曼定律告诉我们，在特定的情况下必须保持沉默。正所谓的"静者心多妙，超然思不群"，在与人交流时要节制语言，控制自己的表情及言语的分量。

适时保持沉默，减少说错话的概率，可以获取更多思考的时间，不露声色，令对方产生神秘感。除此之外，还可以让你在人际交往中更加受人欢迎。有时，一个不善言辞、行动木讷的人反而能让客户觉得踏实可靠、值得信赖。

然而，沉默并不是指一味地不说话，而是善于把握分寸，说话的时候表达得很充分，不该说时一句也不要说。更重要的是要有一种沉着冷静的姿态，比如，在神态上表现出一种自信，以此来迫使对方多说话，先亮出底牌。很多有经验的销售人员在最后阶段的讨价还价中，总是不急于发言，而是找准机会给出建议价格一锤定音。

小 贴 士

言多必失，销售人员说话过多容易给客户不好的印象，影响到客户的购买心理。谨言慎行，善于倾听，适度保持沉默是一种非常重要的交流方式，在与客户的交流中发挥着重要作用。

2.7 给客户留有适度的思考时间

"留白"是中国山水画特有的一种技法，指的是在整幅画中有意留一些空白，能给人以想象的空间。这种以无胜有、有无相生的画法，与其说是一种画法，不如说是一种智慧。

将这种智慧运用到人际交往中会有意想不到的效果，以前给销售新人做培训的时候，有学员就提出："对客户就要狠一点，不要给他们以反应、思考的时间，否则，就会失去说话的主动权。"真的是这样吗？当自顾自说的时候，即使振振有词也会遭到客户的质疑；相反，如果能留出一定的时间，调动客户积极地参与，那么整个谈话气氛就会活跃起来，更有利于推销的进行。

案例

让我们先看一则销售员讲述的案例。

有个深圳客户主动打电话过来咨询产品信息，他以前一直使用的是其他品牌的交易系统，操作起来比较慢，看到我们的产品简单易懂之后，就想立刻更换。不过他还有点顾虑，前期买一款试用，后期再慢慢更换，这我都理解。由于我自己也在使用这款产品，所以对性能、操作难易、保养都比较熟悉，当时就都一一跟对方解释了，最终在价格上也给他申请了一个优惠价。

对方说再考虑一下，我说好的，有什么疑问就来电话。大概一周时间，由于忙于其他事情忘记了这件事情，回到办公室看到有未接来电，正准备查一下后回电的，手机响了。

"您好！"

"您好！我是广东深圳的，前些日子向你咨询过产品信息的那位。"

"哦，您是××总！我想起来了。"

"万先生，你怎么都没有给我打电话了，你就这样做生意的吗？"

"不好意思，××总，我这人不喜欢打扰别人，再说我把产品的价格和性能都介绍清楚了，这几天就是给您思考的时间，您也需要这个时间是不是。"

"你说的有理。"

"我不希望被强逼着改变想法，我希望您选择我们的产品是经过充分考虑的。"

"我决定购买你们产品了，不过，我前期只需要一套，你看怎么做。"

"这样吧，我给您发一份合同过去，毕竟这么远，这样也有一个保障。"

"什么时候打款？"

"我马上做一份合同，到时候您先把款打过来，我就可以给您发货。"

就这样，合同传真过去，中午客户的款就到了。

其实，做销售一直是这样，多给客户一些时间，毕竟，有些客户在做决定时也需要一定的时间，当你留给客户思考的时候也许就留给了自己一个机会。可能会有人提出质疑，要是客户跑了怎么办？这样的担忧也不是没有道理，因为的确有因为跟踪不力导致失去客户的事情。

在这里，我强调的是要做足准备工作，只要把工作做到位了就不怕客户流失，相反客户还会主动上门。

（1）给客户充分的思考时间

作为优秀的销售人员，就应该有一种职业敏感性，一眼就能判断出对方是否有真正的购买意向。对于有真正购买意向的客户来说，他们自己心里也有一杆秤，对于你的介绍、推荐，权衡利弊。换句话说，也就是只要对方把你的话放在心上，就说明对方购买的概率非常大。这时，你如果能给他们充分的思考时间，正好满足了他们当时的心理预期，促使对方更加认真地思考。

（2）给客户留个"念想"

当每个人心里有个念想时，自然不会随便走开。这个"念想"就是产品本身的优势、特性等，销售人员要善于用产品优势勾住客户的"心"。就像我在例子中与客户的对话，我给对方留了至少两个"念想"：一个是产品优势，操作方便；一个是价格，申请优惠。这种情况下千万不可平铺直叙，当你的产品不能在客户心中激起欲望时，就无法真正打动对方。

小 贴 士

很多时候，作为销售人员要给客户营造一个自由、宽松的交谈环境。尤其是双方产生分歧、意见不一时，不要急于反驳。适当地给对方以权衡空间，让其有思考、反思的时间，让对方有表达自己意见、观点的机会，然后再下定论。

2.8　与客户过于亲近，有时反而不利于沟通

每个人都有一个自我保护圈，我们把这个保护圈称为"安全范围"。在人与人交往中，只有在这个"安全范围"之外，双方才会感到安全、放松。否则，潜意识中就会产生被侵犯、被伤害的反感情绪。

这就是心理学上的"刺猬效应"。刺猬效应又称为"距离法则"。核心意思是说，双方的距离不能太远，也不能太近，只有保持合适，才能实现和谐的人际关系。然而，很多销售人员违背了这一原则，为了表现自己的热情，过于亲近客户。殊不知，你无意中已经"触犯"了对方，从心理学上讲，已经闯入了对方的安全范围，可能会因引起对方的敌对和戒备心理。在这种心理驱使下，客户就会感到十分不安，并试图与你拉开距离。

比如，当客户在试衣服时，导购员不时地上前扯扯后背，拽拽衣角。看得出，这位导购员的本意是使衣服更平整、更舒坦。而在对方看来，这是一种极其不礼貌的行为，不禁会想，"你一个陌生人为什么对我动手动脚呢？"如果发生在异性之间，可能会闹出更大的误会。

案例

一次，我去某专卖店买鞋，进店后，店员很热情地走了过来，问："先生，××专卖店，您需要什么鞋呢？"

我轻轻嗯了一声"我先看看"，然后在店里慢慢地逛了一圈，在这个过程中，那位热情的店员一直跟在我的身后。此时，我感到如芒刺在背，非常不舒服。转完一圈后，我一声招呼都没打，就走出了那家专卖店。

这种经历几乎人人都有，销售人员发现客户离开了，总以为对方对产品不感兴趣。其实并非如此，很多时候，是客户对销售人员本身产生了反感的情绪，因为你侵犯了客户的个人空间。试想一下，一个陌生人在你身后紧跟着，像一个侦探一样窥视你的一举一动，你会有什么感受呢？

"安全距离"通常是一个保持安全感的底线，这个距离一旦被突破对方就会想办法逃离。然而，销售人员在与客户交往中经常会犯这个错误，给客户压力太大，无论是行为上还是语言上，都会显得咄咄逼人。

为什么销售人员与客户之间有这么一个不可逾越的距离呢？这是由于客户对销售人员天然陌生的一种潜意识里的拒绝。如果希望客户听自己的讲解，愿意同自己沟通，就必须尊重客户的个人空间，不走进对方的安全距离。

那么，如何才能使自己在接近客户的同时，又不至于让对方有巨大压力呢？

（1）保持适宜的空间距离

与客户保持空间距离就是保持身体距离，离得太远，会使对方认为销售人员冷淡，不热情。而离得太近，容易给对方制造压迫感和威胁感。所以，销售人员要明确人际交往中的空间距离。一般来说，社交距离中较近距离是120～210厘米，多出现在个人交往中，如职场交往和商业会议；较远的社交距离为120～360厘米，一般正式的公务性接触大多保持这种距离。

上述距离是人际交往的一个相对值，但是在特定情况下，这个意义会有所延伸。因为，你与客户并排而走，你与客户相对而坐，这个时候如果相距2米就显得有些过远。根据心理学家研究发现，一个人的私人空间并非是正圆状，而是背后稍扁，两侧略窄，前面偏长的空间。

这就提醒广大销售人员，在与客户相对而坐时避免正面相对而坐，或坐在客户侧面，或呈九十度角。与客户边走边谈时，不要走在客户前面，最好并排而行。

（2）不可忽视的心理距离

除了空间距离之外，还有一种无形的距离影响着你与客户交流，那就是心理距离。作为一名销售人员，或许你也有这样的经验：当你试图接近客户时对方干脆一走了之，这就是心理距离过大的缘故。其实，销售人员平时也有购物的经历，应该换位思考，体会一下客户的感受。

✿ 案例

我曾问过某大型专卖店导购员一个问题："客户一进店，你就立即接待吗？"对于这个问题，七成的导购回答"是"。我又问"那你接待客户的第一句话是什么呢？"结果发现，大概有这么几种：

"先生，有需要我帮忙的吗？""小姐，请问你需要什么样的？""先生，你想选什么价位的？"

诸如此类的问题是"明知故问"，无形中就给客户增加了压力。客户进店都是有目的的，他们进店还没来得及定下神来看导购就发问，会给他们很大的压力。面对你的问题，回答了又害怕导购喋喋不休地介绍产品，不回答又担心自己表现得不礼貌。因此，客户通常会答非所问，比如答道"我随便看看"。尽管在这个时候客户还未离开，但是他已经对销售人员有了不好的印象。

对此，首先要分析一下客户进店时的心理状态，以便于客观地理解客户的行为。客户进店时，难免会产生一定的戒备心理，通常不太愿意回答销售人员的提问，更不愿意多说话。因为他们担心一旦张口，销售人员就缠着他们不放。所以，销售人员最好不要一开始就说话，或者可以少说话。

空间距离近了，不代表心理距离就会靠近，把握不好反而容易使得更加疏远。刺猬效应告诉我们，在与人相处的过程中，既要学会套近乎、拉关系，又要学会给对方留有一定的私人空间，与对方保持一定的距离。

小 贴 士

销售人员与客户之间要建立起和谐的人际关系，必须将彼此的距离控制在一个相对适合的范围之内。这个距离既能使双方相互容纳，又能保持相互吸引。

第3章

吸引术，做一个客户不讨厌的人

没有梧桐树引不来金凤凰，有很多销售人员久久没有客户，最关键的原因不在于对方，而在于自身缺乏吸引力。作为销售人员，首先应该重视自我形象和素养的塑造，包括着装、言行、表情、情绪等，通过全方位的自我提升来营造强大的气场，以吸引客户。

3.1 言行得体，在客户头脑中建立积极的定位

客户在接受推销时最直接的印象并不是产品，而是销售人员的言行举止，超过 70％的客户会因喜欢、信任某个销售人员而选择其产品。这也为广大销售人员提了一个醒，在与客户沟通时应该先树立一个良好的形象，在客户头脑中建立积极的定位。比如，积极向上的情绪、热情诚恳的态度、善于表达的口才、得体的着装及言行等诸多细节等。只要将自己最好的一面及时展现出来，就有可能促使客户心理产生积极的变化，从而有助于销售目的达成。

☆ 案例

一名刚毕业的女大学生到某食品公司做推销员，负责推销新生产的一款饮料，她拜访的第一位客户是某大销售商苏总。

女孩到客户办公室后，热情地说："苏总好，打扰一下，我是××公司的××，受公司之托前来商讨下关于新产品的合作计划。"

"什么新产品？"

"一款针对年轻人的饮料。"

客户头也没抬，应付道："我们这已经有很多种饮料，现在没有新的订购计划。"

女孩说："有没有没关系，您先了解一下，说不定有需要的。"

几句朴素无华的语言透露出真诚，对方这才打量了一下眼前的这个女孩，清纯可爱，温文尔雅。

"坐下吧，说说你的想法。"

这时客户手机响起，客户说着话就走出门外，随口说了声："你稍等。"

谁知这一等就是两个小时，直到中午时分客户再回到办公室。女孩见客户

重新出现，迫不及待地双手奉上一份厚厚的资料："苏总，我希望您在百忙之中看看我们产品的资料。"

这时，他才发觉仍在等回话的女孩，略带歉意地："很抱歉，刚才有点急事处理一下，你一直在这等？"

"是的。"

女孩的行为不禁让这位客户有些心动："接受这样一位女孩的产品起码要比那些吹得天花乱坠人的踏实得多。"

于是，客户拿起资料仔细地看起来，不一会儿，对女孩说："你们的产品我看过了，这样吧，考虑到这种饮料市场前景不太明朗，我们并不会大批订货，不过看在你一番诚意的份上，我们愿意试一试，先少订点货。"

听到客户的话，女孩非常高兴，虽然订单量很小，但最起码已经取得了客户的信任。

上述例子中这位女孩之所以第一次拜访就能成功拿下订单，并不是因为产品有多大影响力（新产品没有什么影响力），也不是有多么超强推销技巧（新人哪有什么技巧而言）。靠的完全是自己的真诚和热情，无论是相见之初的谈话，还是后来的耐心等待，都折射出了一名销售人员做起码应具备的基本素养。

而这是正是很多销售新人所缺乏的。我见过不少做过很多年的老销售人员，在利益的趋势下，急功近利，尔虞我诈，不讲诚信，结果被客户"抛弃"。推销，是建立在良好的人际关系之上的，客户在做出购买决定前不仅要看产品是否合适，更要考虑推销人员的人品。相比而言，客户更愿意与那些真诚、热情、讲诚信的销售人员打交道。这些内在品质才是吸引客户核心的东西。

那么，销售人员如何来体现这些内在的东西呢？这是有技巧的，可以从以下3个方面入手。

（1）增强声音的感染力

对于一名销售人员来讲，准确表达是一项基本功，但是只有让自己的声音富有感染力，才能进一步影响客户，引导客户的心理变化。比如，女士声音要甜美，男士声音要有磁性，说话清晰，抑扬顿挫，富有情感，思维敏捷等，我们把这些都总结为声音的感染力，这就必须要掌握高超的讲话技巧，具体如表 3-1 所示。

表 3-1　增强声音感染力的技巧

技巧	具体内容
发音标准	确保发音准确，吐字清楚，最基本的要求就是普通话标准，让客户比较轻易地听清楚自己说的话
语气流畅	语气流畅可以很好地增加对方的自信心，同时也能尽快地获得客户的好感与信任，所以，销售人员在语气上要控制好
语速适中	讲话的语速一般控制在每分钟 60~80 个字，不可太快或太慢，否则，都会影响到对方对谈话内容的理解
适时停顿	适时停顿是一种语言技巧，不仅可以使自己讲话层次分明，重点突出，更具有说服力，还可以最大限度地吸引听者的注意力，引导他们主动参与到谈话中来

（2）保持良好的情绪与心态

情绪和心态是一个人心境的反映，是从内而外折射出来的一种精神面貌。当一个人心情愉悦、神清气爽的时候，人见人爱；当一个人心情郁闷、心浮气躁的时候，事事不顺，处处碰壁。你在面对客户时如果不能保持一个良好的心态，本来很容易成交的客户也会出乎意料地离你而去。

每个人都有可能遭到对方的拒绝，甚至百般刁难，即使对方乐于接受你，也会因为性格、性情的不同产生矛盾。为了能适应不同类型的客户，销售人员就要及时调整自己的心态去应对，满足他们不同的心理需求。销售人员在应对客户时应该表现的心态，如表 3-2 所示。

表 3-2　良好情绪和心态包括的内容

技巧	具体内容
热情开朗	是销售人员最基本的素质，面对客户时要表现得热情，让对方感到亲切、自然。从而尽快缩短双方的心理距离，营造出一种良好的交谈氛围
自然大方	表现为举止自然、大方，稳重端庄，即使面对陌生的客户也不要缩手缩脚、扭扭捏捏，或漫不经心、咄咄逼人

续表

技巧	具体内容
温和谦恭	温和表现为温柔宽容、沉静多思；谦恭表现为说话温文尔雅、适时而发、含而不露，寥寥几句话充满浓烈的感情，就能使客户心甘情愿接受自己的意见
坚毅果断	推销必然会与困难相伴随，所以销售人员要能承受压力，意志坚定，该做决定时不要犹豫，在困难面前善于找克服困难的办法
幽默风趣	语言尽量不要过于平淡，努力使自己幽默风趣，让对方乐于与你交流，并从中得到启发和鼓励
耐心倾听	倾听是一种感染力很强的交流形式，每个人都喜欢谈论自己最擅长的东西。这时候你应该尊重并倾听他人说话，无论对方的话是否与推销有关
能忍自安	销售人员作为公司和客户的"中介人"，遭到拒绝或者被客户投诉、被客户当做"出气筒"时要有耐性，避免与客户的矛盾进一步激化，导致工作无法开展

（3）精心准备第一句话

第一句话很重要，说什么、如何说，决定着客户是否愿意跟你继续交流下去，决定着对方是否愿意跟你继续沟通，甚至决定了客户最终是否愿意成交。若开口的第一句话无法引起客户的关注，那就很难在短期内被激起来了。

所以，在拜访客户之前，要对所说的每一句话、每一个字，包括语气、腔调都要仔细推敲，尽量做到有足够的吸引力。总的来说，第一句话的表达方式有以下 4 种，具体内容如表 3-3 所示。

表 3-3　说好第一句话的技巧

技巧	具体内容
提问式	提问问题能瞬间抓住客户的好奇心理，因此提问式的开场白是最直接的一种交流方式。值得注意的是，所提的问题要确保能激起客户的兴趣，或者能引起客户注意
假设式	假设问句开场白是指，先将产品最终能带给客户的好处及利益假设出来，然后再试探询问客户的真实意图。这种交流方式迎合了客户的期待心理，毕竟每个客户都希望尽早地了解到购买产品能得到的好处

赞美式	每一个人都有强烈的被他人赞美的心理，适度地运用赞美会让客户产生满足感，达到意想不到的理想效果
致谢式	当向他人致谢时，往往会引起他们的自我肯定，这种心理能促使对方对你产生好感。这是普遍存在的一种心理，销售人员完全可以利用这种心理对客户感激一番，这样会让准客户更喜欢你，更尊重你

在这 30 秒的时间里，销售人员能够展示的只有通过仪表、态度，以及精炼的开场白，其他的几乎都来不及做。此时双方在进行着激烈的心理博弈，双方都面临着巨大的压力：客户最大的压力就是唯恐作出错误的判断，购买了不理想的产品；而销售人员的压力在于如何迅速建立起客户的信任感。

小 贴 士

内在品质与外在言行之间总是存在必然联系。例如，热情的人通常亲切友好、富于幽默感、肯帮助别人、容易相处，而冷漠的人则较为孤独、古板、比较难相处等等。这种从外表到内心，又从内在泛化到外表的评价正是"晕轮效应"的最好运用。

3.2 微笑是沟通之本，用你的笑容感染客户

微笑是世界上最美的语言，笑带给人的积极的、美好的心理体验，正好迎合了人们追求快乐、向往自然之美心理。大多数人都知道，陌生人见面相互微笑是出于礼节，却很少知道这还是一种心理需求。任何行业，微笑都是每个员工必修课。不懂得利用微笑实在是很不幸的，然而，在销售队伍中就是有如此多的不幸者。他们不会微笑，不懂微笑，或者错误地微笑，致使失去了客户。

微笑，这个不花一分钱、不费太多精力就可以拥有的推销之术，比任何技能都实用得多。

☆ **案例**

面对客户要笑脸相迎笑，因为笑一定会比哭丧着脸更容易引起对方的共鸣。日本 "推销之神"原一平，助他走上成功之路的正是独具特色的"微笑"。据说，他曾总结出了38种"笑"的方式。

微笑作为商业活动中一种交流工具，与本意的笑略有不同，并不仅仅是心中有笑意就可以马上笑出来。当然，发自内心的笑意是必需的，除此之外，还需要反复练习。没有经过训练你是笑不出来，也是不会笑的。嘴角是微笑时最关键的部位，嘴角掌控得好，笑起来就和谐得多了，整体表情让人看了非常舒服，因此，练习微笑首先需要增强嘴部肌肉的弹性。

在微笑的训练上可以按照以下步骤进行，如图 3-1 所示。

除上述方法之外，学习微笑还可运用表情进行配合，我们常说，"眉开眼笑""眉飞色舞"，这说明动人的微笑要辅以丰富的脸部表情，脸部表情越丰富，越能凸显出微笑的效果。善用表情的一个关键部位是眼睛，比如，微笑的同时，眉毛舒展、眼神炽热、目光坚定，就会笑得迷人，笑得优雅。眼睛是心灵的窗户，善用眼睛的神采、感性和丰韵，便会让你平添几分魅力。

微笑离不开眼睛，同样也离不开面容，有的人在微笑时面无表情，看上去就很僵硬，难免会给对方留下假惺惺的感觉。善用表情，还包括纠正、去掉不好的、怪异的表情，比如，不停地眨眼睛、皱眉毛、翻眼珠等。

微笑在社交中发挥着极大的作用，无论面对熟悉的客户还是陌生客户，只要你不吝微笑，立刻就会收到出乎你意想不到的良好效果。所以，一位优秀销售人员必须学会用专业的微笑去影响对方，以便得到更好的交流效果。

第一步

嘴唇周围的肌肉彻底放松，按照"音符法""哆、唻、咪、发、嗦、啦、西"，从低音到高音，一个音一个音地发，每个音都要大声、清楚地喊出来，在读的时候中间要有短暂的间隔。

第二步

在张大嘴的同时，嘴最大限度地形成伸张，伸张的程度必须以能感觉到颚骨部位不断地受到刺激为准，这样姿势每次保持 10 秒，这一动作反复进行 3 次。

第三步

在第二步的基础上慢慢地聚拢，圆圆地卷起来的嘴唇直到重新聚拢在一起时为止，保持 10 秒，聚拢嘴唇这一动作反复进行 3 次。

第四步

闭嘴后，嘴角向两侧拉紧，使嘴唇在水平上紧抿起来，嘴角尽量向两边翘起（幅度是门牙轻轻地咬住木筷子为准）。使连接嘴唇两端的线与木筷子在同一水平线上，并保持 10 秒。

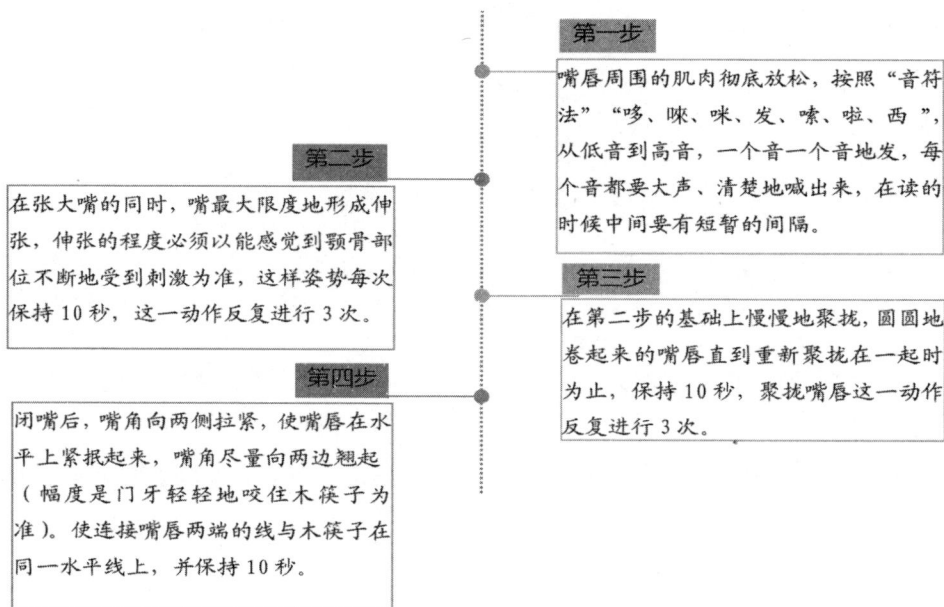

图 3-1 "微笑"训练步骤图

小 贴 士

　　微笑可以拉近人与人之间的距离，表达你对他人的尊敬和礼貌，感谢他人的诚意。微笑是一种交流工具，学会微笑人与人之间相处会更加和谐。在商场上，只要会用润物细无声的微笑，不怕这金石花不开。

3.3 永远不要自我否定，否则你的消极会扩散

一个人的自我认定越好，他的能力就会越强。比如，当你坚信能把自己的产品推销出去时往往就会有意想不到的收获，同理，如果始终认为自己无法卖出去，那必定失败。

成功首先需要一种积极的自我认定，如果自己都把自己给否定了，那别人怎么相信你？反观那些成功人士，正是因为有了积极的心态、坚定的信念，才取得如此大的成就。所有伟大的销售人员都有超强的自我认定。

☆ 案例

乔·甘多尔佛是世界上最成功的保险销售人员之一，他最辉煌时期，曾在一年内签保单超过10亿美元。据他自己称，他的成功来源于对自己的信心，他始终相信自己是最棒的。为了证明自己对保险的信念，他给自己买了一张1000多万美元的保单。从此，他向每一位客户推销保险时，都会自豪地告诉对方购买保险的好处，在他的引导下，即使对保险有偏见的客户也会改变看法，他的很多客户都是他的忠实信徒。

无独有偶，马丁·德·沙菲洛夫是美国金融界有名的股票经纪人，他每年收入高达数千万美元。他的客户都是华尔街的高官、名人等。他成功的秘诀在于坚定的信念，他始终相信，再成功的人也需要自己的帮助。这种积极的理念促使他在与客户交谈时，总是能保持积极向上的激情。

这说明，一名销售人员首先必须相信自己，无论顺境还是逆境都要对工作充满信心。一位先哲曾经说过："坚定的信念是走向成功的敲门砖。"要想成为一名优秀的销售人员，必须积极主动，敢于面对推销中的一切困难和挫折。我经常看到一些销售人员，尤其是新人，在遭到客户拒绝时就会对公司、对产品产生怀

疑，开始抱怨公司没有实力，产品缺乏影响力，自己不适合做销售等。

若想取得成功，就必须先把自己推销给客户，先让客户认可自己。事实也是这样，客户在接受你的推销之前势必需要对你本人打量一番。那么，如何才能在任何情况下做到自我肯定呢？下面是需要掌握的 3 种方法，如图 3-2 所示。

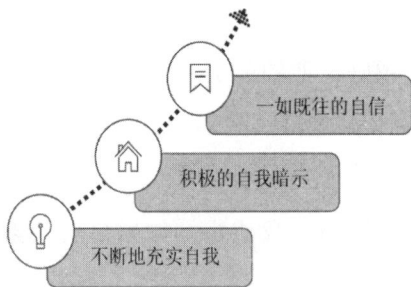

图 3-2　自我肯定的方法

（1）一如既往的自信

自信就是无论在什么情况下都十分相信自己，这是一种积极的自我认定方式。很多销售人员眼中的自信却并不是这样，他们在得到客户的认可、客户的赞同等顺境中，会表现得非常积极；而遭到客户拒绝、质疑时则产生了动摇，唉声叹气，一蹶不振。

优秀的销售人员应该从心里坚信自己能够成功，无论客户以怎样的态度对待我们，都要一如既往地相信自己。对于客户的警惕、质疑，反而要表现得更加积极、自信，以此去感染客户。

（2）积极的自我暗示

有很多人认为自我暗示心理是自欺欺人，其实不然，在遇到困难时对自己进行积极的暗示是非常必要的。

案例

日本首席保险销售人员井户口健二，他刚从事保险行业的时候，业绩并不十分突出，经常是囊空如洗。为此，他经常告诫自己：一定要坚持下去。每当遇到困难和打击的时候，他就故作快乐，挺胸阔步，心里无言地激励自己："健二啊健二，切莫泄气，拿出更大的勇气来吧！提起更大的精神来吧！宇宙之宏大，只有你一个如此落寞啊！"后来，他每次在开展新业务之前，都要对自己说："我一定能够卖出去""今天能卖出去，一定能卖得出去"。其实，这就是一种心理暗示，这种暗示会助你从内心深处相信自己。千万不要小瞧这种暗示，这是获得成功的必要条件。

要善于激励自己，相信自己能做好，一切都可能成为自己的优势。

（3）不断地充实自我

了解得越多，在客户面前越有自信，一成不变只会陷入停滞不前，唯一使自己积极主动、自信坚定起来的就是不断地充实自己，让自己变得更强大。这就要销售人员持续加强业务技能，经常关注市场动向，对遇到的问题寻找出更多的解决方案。也就是说，销售人员必须时刻加强学习，吸收新的知识，保持清醒的头脑，提高自身能力，把知识运用到实际推销中去。

小 贴 士

优秀的销售人员之所以能够取得优异的成绩，并不是说他有多么优越的先天性条件，而是有一颗积极的自我认定、面对艰难困苦时永不屈服的心，即使失败也不忘鼓励自己。

3.4 角色决定结果，推销产品更是推销自己

初次见面，客户对销售人员必然会存有不信任感，并且认为他们所说的话有不同程度虚假成分，甚至有一些欺诈行为。于是，客户就会不自觉地全面抵制，或者本能地拒绝，或者与你争辩。

那么，销售人员如何改变这一现状呢？唯一可做的就是要明确自己的角色，始终以"客户"为中心，把客户的利益放在第一位。而不是时时围绕"自己的利益"，只做一个单纯的推销者。尽管有时候两者的结果相差无几，但是过程截然不同，给客户带来的感受也大不一样。

案例

有这样两位推销员——沃特和琳达，他们同时拜访一位客户。客户对他们说："我很忙，只能给你们5分钟，明天早上10点前你来见我。"

听到这句话沃特不禁大惊"只有5分钟，这么短的时间怎么能说清楚呢？也来不及推销。"沃特一下子感到希望变得渺茫，第二天他虽然按计划去拜访，由于内心不够重视，见到客户时已经迟到了10分钟。客户冷冷地丢给他一句话："5分钟的时间已过，我要去处理别的事情了，再见！"

沃特遇到的困境琳达也遇到了，更糟糕的是当她急匆匆地前往时还下起了大雨。为了不失约她冒雨前往，就在即将10点的时候赶到预定地点。客户见琳达如此守约，便给了她一次机会，最后双方的合作非常愉快。

"5分钟"在现实生活中是多么短暂，而对于销售人员来讲则成了两种截然不同的人生体验。从上述两个事例中可以看出细节折射出的人性，虽然仅仅相差几分钟，但给客户留下的印象却不同。能提前到达5分钟，对方就认为你很有职业素养，很守信用，从而对你产生一种钦佩之情；反之，客户则会非常反感。

由此可见，销售人员在与客户展开沟通时，应先想方设法取得客户的好感，随之建立稳固关系，然后在此基础上充分挖掘客户的需求，最后才去推销产品。经过这样的过程后，客户更容易接受你，接受你的产品；反之，如果没有"建立关系，挖掘需求"这两步的铺垫，直接向客户推销，被拒绝的可能性就非常大。

这就是所谓的顾问式销售，顾问式销售是以"引导"为主，并注重与客户间的良性互动，通过引导客户思维从而让他们说出自己的需求。而传统的营销方式偏重于如何说，即围绕说这个点，按照自己的流程去不停地说，让客户产生购买之意，如图3-3所示。

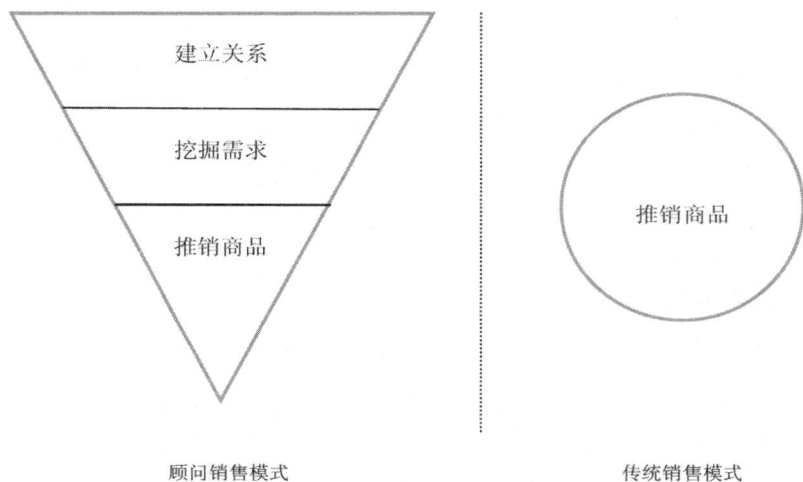

建立关系

挖掘需求

推销商品

推销商品

顾问销售模式　　　　　　　　　　传统销售模式

图 3-3　销售模式对比图

两种模式最大的不同就是，销售人员在其中的角色不同，一个是"参谋"，一个是"决定者"。我们永远不要替客户做主，只要辅助对方做好决定即可。所以，销售人员更多地要扮演参谋的角色。

那么，如何才能扮演好"参谋"的角色呢？可以从以下 3 个方面做起，如图 3-4 所示。

01　主动去了解客户的需求

02　做好企业与客户的"桥梁"

03　帮助客户制定有效的解决方案

图 3-4　"参谋"型销售员～角色需求

（1）主动去了解客户的需求

最有说服力的推销方式，就是让客户知道你最了解他们的需求，而且能为他们提供最好的方案。如今，客户的地位越来越高，任何一个客户都不可能主动为你提供太多的信息。这就要求销售人员必须靠自己行动起来，站在客户的立场，把自己想象成自己的客户，主动了解客户需求，根据需求为他们提供有针对性的服务，这也是一名顾问式销售人员最重要的任务。

（2）做好企业与客户"桥梁"的作用

这个角色就是要结合自己资源，有效地配合客户的需求。比如，召集同事来解决生产、准时交货或后期服务等问题，或是将与客户的互动视为销售团队的核心工作。扮演这个角色非常重要，既能集中公司所有的资源团结客户，又能使你对客户的需求提供完整的回应，进而实现你对客户的承诺。

（3）帮助客户制定有效的解决方案

在客户看来，任何销售人员在自己主攻的领域必然是一个专家，对产品了如指掌。每个客户都期望销售人员能为自己提供有效的建议，因此，你在提出建议之前必须认真谨慎，多做几次练习，提前发现可能存在的问题和缺失，做好预防措施。

小 贴 士

"服饰美不如脸蛋美，脸蛋美不如内心美，内心美的人才是最美丽的人。"这句话用在销售上再合适不过了。要想把产品推销出去，首先要把自己推销出去，客户只有接受了你，才能接受你推销的产品。

3.5 客户说时你就听，跟着对方的思维走

建立了巨大金融王国的罗斯柴尔德有一则著名的家训——"少说"。这二字警言成就了罗斯柴尔德家族的兴旺，并提醒着他的一代代后人。少说，告诉我们在与人交往中要多听对方说，多听听别人说什么，少发表自己的看法和意见。

心理学表明，人际交往中，只有当对方的心理得到满足时，才有可能进一步沟通。销售人员在与客户初次见面时尽量少说话，而要集中注意力听对方说什么，了解对方的意图后才能有针对性地交流。

☆ 案例

一位推销保险的朋友曾有过这样的经历：在客户购买前，整个过程中她没有说任何一句话，最后拿到了订单。

她的客户是一位中年女士，这位女士的先生刚刚遭遇车祸，不幸去世，心情低落。一见面，客户就开始讲述自己的不幸，我这位朋友自始至终都在耐心地听，没说一句话，连安慰的话也没说。对方一口气讲述了一个多小时，而我这个朋友呢，就一脸严肃，意在告诉对方："我对你的遭遇充满了同情。"

同时，朋友也从这位女士的话中听出言外之意，即"担心孩子的未来，上学、生活失去了经济来源。"在了解到客户的这点需求后，朋友当场做了一个决定，说服这位女士买保险。

于是，当对方刚刚停止讲述时，朋友就直接地告诉她："如果现在买一份保险，即使你以后没有固定收入，孩子的教育和未来也不至于无以为继，若干年后，你会得到相应的保费。"

正是这句话令女士动了心，马上就接受了朋友的建议，为儿子购买了3份储蓄保险。

"雄辩是银，倾听是金"，在销售中这句话显得更为重要，只有认真地倾听才能发现客户的需求点。例子中这位销售人员正是依靠默默地倾听，取得了客户

的认同，从而进一步抓住了客户的需求。

当客户正在兴致勃勃地谈论某一话题时，必须给予对方充分的话语权，先让其说完。这才是符合一般人心理的，只要让对方把内心的话倒空，才有可能接受新的信息。善于倾听起码有两点好处，第一，会让客户感觉到你对他的尊重，第二，同时可以从客户的话语中捕捉到更多的信息。这两点都有利于接下来的推销，何乐而不为呢？那么，销售人员该如何做好一个忠诚的听众呢？可从两个方面入手，如图 3-5 所示。

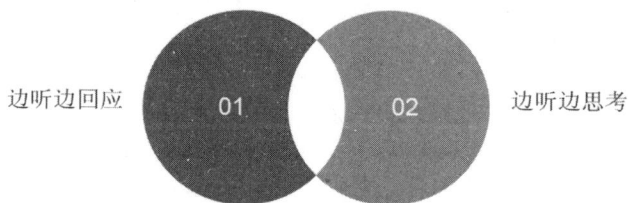

边听边回应　01　　02　边听边思考

图 3-5　忠诚听众示意图

（1）边听边回应

客户讲话时必须集中注意力去听，而且要不断地做出回应，不论是称赞、抱怨、驳斥，还是警告、责难都要仔细地聆听。这种回应不需要你接过话头侃侃而谈，通常只需一句简单的话、一个信任的眼神，即可鼓励客户说下去。

比如，当对方讲述不幸遭遇时，一个拍肩的小动作，即使一言不发也会让对方感觉到来自你的鼓励。当对方讲到兴奋时，你一个热切的眼神就会让他们更加兴奋。可以用下列方式对客户的话作出回应。

看着对方的眼睛，保持目光接触。

暗示对方让他把话说完，鼓励他人畅所欲言。

点头或者微笑，对客户的话表示赞同。

放松自己，采用放松的身体姿态，就会给对方良好的印象。

看着对方的眼睛，保持微笑，不时颔首。

精力集中，表情自然，态度友好。

（2）边听边思考

倾听绝不是被动地听，而是在倾听的同时不断地思考，剖析对方言辞中传递出来的信息。以便后续更好地把握客户的心理，洞悉客户需求，寻找转移机会进行有针对性的推销。

比如，客户在谈到一个关键的话题时要想想对方为什么这样说，自己又该怎么应对，只有不断地思考才能时刻跟着对方的思维走。一般来讲，在听的过程中，要思考以下几个问题。

客户说的是什么。

客户所说的代表什么意思？

他为什么要这样说呢？

他说的话哪些值得相信，哪些不值得信？

客户是想陈述一件事情，还是说说而已？

客户的话中隐藏着什么潜在需求？

从他的谈话中，我能得知哪些购买条件？

客户的话语犹如一张藏宝图，只要你读懂了，并按照它的方向走下去，就可能更快地到达目的地。当客户正在谈话时千万不要随便打断；相反，保持沉默，静静倾听，往往比滔滔不绝的言谈更重要。

小 贴 士

　　在现代销售中，卖方已经逐渐转向买方市场，销售人员独自解说已经无法满足客户的需要。要想更好地把握客户心理，就要给他们足够的说话权，让其充分表达自己的意愿。

3.6 不要强迫客户下决定，完美撤退 杀个回马枪

常言说:"舍得舍得,有舍才有得,小舍小得,大舍大得。"这充分说明了"舍"与"得"的关系,舍与得两者之间不是对立的,而是相辅相成的,有舍才有得。

当遭到客户拒绝之后,很多销售人员认为很难有再有推销的机会,常会破罐子破摔,索性对客户冷嘲热讽,强行推销。其实,换个思维想想,有多少推销能够一次性成功?与其死缠烂打,不如完美撤退,给客户留下一个良好的印象,争取下次拜访的机会。

☆ 案例

一日,我去理发,在理发店内看到了这样一幕:

一位妙龄少女路过。

导购员: "这位小姐,来光顾光顾我们刚开业的新店,理、烫一站式的全新服务,而且公司有个促销活动,如果您现在进店,还可以得到10元的优惠券。"边说边拉着少女进店。

少女执拗不过,只得极不情愿地进去。

"小姐,你的头发这么漂亮,只是有点点干涩,如果做一下营养保养会更好。正好我们这有一款进口……"

话还没说完,就被对方打断:"不好意思,我对这些不感兴趣。"

"难道你以前不对头发做保养吗?"

"我很少做这些。"

"现在有大量的优惠,尝试一下多划算啊。"

"优惠再多、价格再低,我都不会考虑的,我先走了。"少女显得很冷淡。

"唉，小姐你等等，这是我的名片，有需要再过来。"说着，追上去生拉硬拽地递给对方一张名片。

由于我正在理发，了解到当时确实够优惠，而且理发师技术也不差。如果这位导购员换一种推销方式，也许就会令客户态度改变。毕竟每个女孩都是爱美的，而对这样的优惠，动心的概率还是非常大的。

这场推销的失败完全是因为导购员的强买强卖。有很多销售人员错误地认为销售就是买卖双方的斗法，一旦发现对方拒绝自己，就开始耍些小聪明，费尽心机。抱着不成功便成仁的决心，如果成功就赢得了这场战争，如果失败将永远没有回头路。

其实，客户拒绝是非常正常的，面对客户的拒绝，几经劝说无效后就应该把工作重点放在再次约见上，争取二次拜访的机会。这就需要销售人员多学几个完美撤退的方法，具体如图 3-6 所示。

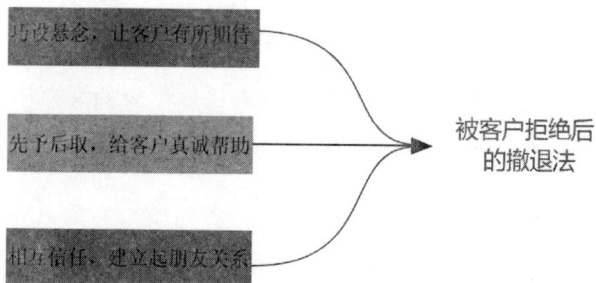

图 3-6　被客户拒绝后的撤退法

（1）巧设悬念，让客户有所期待

客户的购买行为往往是从好奇心开始的，有了好奇心的促使，才能使对方有想再次了解的欲望。因此，遭到客户拒绝之后就不要什么都和盘托出，而是有所保留，特意设置一定的悬念。有时候，这些悬念反而可以再次激发新的需求。

比如，离别之前，对客户说："我是美好广告的设计总监李斯，我们算是同行了，这是我的名片，以后业务上有需要交流的事情可以直接打电话给我。""设计总监""同行"等这些字眼强调自己的身份，对客户来说是非常有分量的。客户听到这些内容，无论是认识不认识，一旦遇到相关事情，一定会想到你。

设置悬念的方法还有很多，比如，强调双方的共同利益点，故意夸大产品的某一功能等。总之，以勾起客户再次回忆的原则为准，以强化自己在他们心目中的印象。

（2）先予后取，给客户真诚帮助

"予人玫瑰，手留余香"，当你赠送他人一朵玫瑰时，自己手上也会留下香味。意思就是说，当你怀着一颗热忱的心帮助他人时，必定有所回报。拜访客户也一样，即使遭到了客户的拒绝，也要尽最大的可能性去帮助对方。尤其是在对方需要帮助时，我们不要过于斤斤计较，不妨伸出双手帮对方一把。有时候，举手之劳就可以换来更大的回报。

（3）相互信任，建立起朋友关系

俗话说，"买卖不成仁义在"，在推销过程中学会与客户"做朋友"，这是接近客户的一种重要方法。毕竟，推销是建立在长期沟通的基础之上，双方之间有了感情基础，很多事情都会变得容易起来。尤其是在遭到客户拒绝时，如果你仍能时时刻刻从关怀出发，表现得十分诚恳，客户就会感觉到你的真诚，放下心理戒备，真正地接受你。

所以，当遭到客户拒绝时，销售人员应该积极想办法，与客户尽快地建立相互信任的关系，为再次拜访打下基础。

小 贴 士

当客户拒绝你的推销后，很自然地就会产生一种排斥心理。面对客户的这种心理，销售人员千万不能强行推销，这个时候正确的做法是改变一下说话方式，换一种说话语气，巧妙撤退，以争取再次推销的机会。

第4章

洞察术，挖掘心理找需求

　　人的心理活动体现在很多方面，语言、着装、日常行为、工作习惯等。一个人穿什么样的衣服，有什么样的言行，为人处事的习惯，都是其心理状态的一种映射，往往隐藏着特殊的需求。抓住客户的这些特征，就可以洞察他们的心理，抓住其核心需求。

4.1　服饰的暗示：五彩服饰，百态人生

为什么女人的衣柜里总会有那么多衣服？为什么有的人非名牌不穿，而有的人10元钱一件的T恤都可以穿得很有范儿？这说明，每个人都有自己的着装风格，都可以通过不同的衣着打扮来向外界展示自己。

从心理学上讲，着装是内心思想的一种外在表现形式。一个人的着装爱好，着装习惯，体现的不仅是他的容貌、气质和风度，更多的是体现他的内心状态。服饰是一种无声的语言，在人与人交往中透露着对方的内心信息，因此，通过观察衣着就能解读对方的内心。

案例

公司里的老罗是一位资深部门经理，虽然已经过了"炫耀"的年纪，却是一个爱炫耀的人。但他的"炫"和别人有点不一样，别人炫衣服的品牌，炫衣服的品质，他却爱炫衣服的"非名牌"。闲聊时，他总先夸奖一下别人的衣服，然后话锋一转说："猜猜我的衣服价格几何？"

鉴于他端正的长相、不俗的审美以及不错的经济实力。同事们一般会说，"看起来不错，价格不菲吧？"老罗就会得意地嘿嘿一笑："告诉你们吧，189块，优衣库出品！"

同事们会顺便拍一下"马屁"："啧啧，能把几十块钱的衣服穿出几百块的感觉，不是一般人能做到的。"

于是，老罗就更"得意"了。

那么，他为什么要做出这种"反炫耀"的举动呢？显然这与他当时的心理密切相关。据他自己说，正因为有所谓的"社会地位和经济实力"，才以如此无所谓的心态来"调侃"自己。如果放在连温饱问题都解决不了的年代，讨论这个话题显然不会如此从容和淡定。

这种现象在当今社会普遍存在，比如那些名人未出名前，可能想通过外在的东西来证明自己的心理更强烈。而一旦功成名就，就算穿一件百十块钱的 T 恤也不会觉得掉价和丢脸，反而会获得"低调"的美誉。

可见，现代人对着装的讲究已经远远超越了服饰本身的含义，他们更希望通过这些外在的东西传递内心不可言传的信息。而对于我们销售人员来讲，完全可以利用人的这种心理去把握和窥探客户的内心。

一个人的着装包括多个方面，比如，颜色、质地，风格、品牌等。有的人注重颜色款式，而有的人特别注重品牌，关注点不同反映的信息也不同。作为销售人员，在观察客户的着装时，要学会从多个层面去观察，去辨析。

（1）从服装颜色看客户心理

颜色是着装中最具意义的一部分，一个人喜欢什么颜色，与其个性爱好、心理状态有着密切的关系。因此，销售人员要学会根据客户所穿衣服的颜色进行判断。

比如，一个男士穿黑色的西装，就可以判断出他庄重沉稳，有责任心；如果一个男人爱穿红色的服饰，那么则可以判断对方脾气可能暴躁，缺乏耐性，情绪变化比较大等。

有的人可能会提出，怎样从如此多的颜色中分辨呢？我们不妨对其进行分分类。一般来讲，色调可分为三大类，分别为暖色系、冷色系和中性系，这三类色调基本上概括了所有的颜色，具体如表 4-1 所示。

表 4-1　颜色的色调分类

色调	具体内容
暖色调	包括红、黄、橙等色彩鲜艳的颜色,喜欢暖色调服饰的客户大都有个共性:和蔼可亲,容易博得对方的好感,自信心强,拥有广泛的社交圈子。这样的客户都比较好打交道

续表

色调	具体内容
冷色调	是相对暖色而言的，通常包括黑色、深蓝色、绿色等暗色调。这类客户属于理智型客户，责任心非常强，同时富有见识，判断力强，善于控制感情。但也有个缺点，就是往往性格比较固执，不擅长交际，不会轻易采纳他人的意见
中性色调	中性色调指的是除了暖色调、冷色调以外的颜色，包括白色、咖啡色、米色、棕色、浅灰色等，这类客户情绪波动较大，容易激动，喜欢这些颜色的多见于年轻人

（2）从着装风格看客户心理

法国服装设计大师皮尔·卡丹设计的服装风靡全世界，被喻为人类的心灵大师。他为什么会成为"心灵大师"，最主要的就是他设计的衣服能抓住人的心理。当我们知道了客户喜欢什么样的着装风格时，就可以根据风格去判断心理，具体如表4-2所示。

表4-2　着装风格与心理

着装风格	具体内容
着装朴素者	喜欢朴实的服装，是顺应型客户，这种客户一般很诚实，不会欺骗人，容易交往，但是他们原则性比较强，不善于变通，从而也显得不讲人情。在与这种类型的客户打交道时，最好不要显示过强的攻击性
着装华丽者	喜欢穿华丽服装的人爱出风头，表现欲很强，他们之所以这样做目的就是引起更多的关注。与他们打交道最好的办法，就是多夸夸他们的衣服，满足其膨胀的表现欲
着装中庸者	这类客户对流行服饰既不狂热，也不会干脆置之不理，他们会在适当的时候、特定的环境中变换自己的着装风格。他们的处事风格像着装风格一样，很中庸，无论对什么事都非常理性，做事不会盲目顺从，随波逐流。他们是最可靠的，也是值得结交的最佳人选

（3）从着装习惯看客户心理

一个人的习惯对着装有很大的影响，比如，有的人由于受到职业的限制，被迫打起了领带；不得不穿工作服，时间一长就容易养成某种特定的习惯。为了更全面地了解客户，我们还应该了解一下客户的着装习惯，具体如表4-3所示。

表4-3　着装习惯与心理

着装习惯	具体内容
着装随意改变的人	现实生活中很多人都会随时改变自己所好，让人无法了解其真正喜好。这种人的情绪大都不稳定，或者也可能由于希望脱离单调的工作，过富于变化的生活，有逃避现实的嫌疑
突然改变着装的人	还有一种人向来穿着特定的服装，可是有一天突然行为大变。比如，平时喜欢朴实的服装，在某个场合却盛装而入。对这种客户要引起警觉，他们控制欲非常强烈，对批评也非常在意，很难接受别人的意见。对这类客户奉承是上策
着装马虎不修边幅的人	在穿着上不修边幅的客户，比如，身穿名牌西装，脚蹬名牌皮鞋，脖子上却系着一条廉价的领带。这类客户穿着马虎，一般缺乏逻辑性、计划性，但有执行力。他们的特性就是与众不同，富有行动力，对工作十分热忱。一旦下决心从事某项工作，就会言出必行，行之必果，有始有终

从客户的衣着上来判断客户的心理状态，直接有效，但也容易产生失误。这就要求销售人员要有非常强的鉴别能力，不要盲目依靠自己的主观意愿去判断。同时，结合其他方面进行综合判断。

小 贴 士

着装能体现出一个人的心理状态，多多关注客户的着装，也是判断客户心理的一个重要方式。因此，销售人员需要知道点服饰搭配学，以准确把握这种特征，为接下来的推销服务。

4.2　领带：系出男人的内心

Burberry（巴宝莉）凭它独特的"苏格兰方格"缔造了一系列经典之作；Bulgari（宝格丽）金色圆点＋酒红色底衬点给人以贵气、奢华之感；而Dolce

& Gabbana（杜嘉·班纳）更是让"斜条图案"彻底展现了成熟男士的那份不羁和洒脱。

男人对领带的追求远远不亚于女人对时装的追求。在商务活动中，领带是男士服饰中必不可少的一部分，也是单调、古板的男性着装风格中为数不多的亮点之一。色彩亮丽的领带行走在以蓝、黑、灰等色系为主的正装中，立刻能显现得出男人丰富多彩的内心，或狂放、或典雅、或含蓄。

可见，一条细长的领带就可以将男人丰富的内心世界不经意间传达出来。因此，当我们审视一个男人的内心时，领带是一个不可忽视的"窗口"，通过对方领带的色系、风格、系法就可判断那一方变幻的内心世界。

男人对于领带的选择、搭配，一定程度上能反映出他们的内在性格。在与客户交流时，我们可以特意注意一下他们领带的颜色，以及与衬衫、服饰的搭配，通过这些细节就能洞悉该人的个性特征。

英国南部心理学服务中心的心理学家路德维格·罗文斯坦博士对 2000 名男士喜欢什么颜色领带，及其领带会带给他们什么样的感觉进行了调查。调查结果显示，不同的人对领带颜色的偏好大为不同，不同颜色的领带给人带来的感受也是不一样的。调查结果具体如表 4-4 所示。

表 4-4　领带颜色与客户心理

领带颜色	具体内容
深蓝色领带	蓝色代表含蓄、飘逸和诱惑。这类男人做事专注，事业心比较重，同时也比较急躁，因此在购买时往往会比较急功近利
黑色领带	黑色代表深沉、稳重和执著。黑白分明的搭配则是其性格的真实写照，这类客户多稳健老成。阅历丰富，感悟也比较多，从他们身上总能够看到正义的影子
红色领带	红色代表炽热、关怀。红白的搭配可以体现如火的热情和纯洁的心灵。这类男人为人热情，做事积极主动，自我凸显意识比较强，在购买中更愿意占据主导地位

续表

领带颜色	具体内容
黄、绿色领带	绿色象征着生命力，黄色代表着收获，这类男人，能够按照理想去设计生活和人生，并勇于实施，在他们身上流露出的是诗人与艺术家的气质，生活中能够保持一颗平常心，与世无争，让周围的人感觉和蔼可亲

领带颜色反映着一个人的内心，领带的打法也不可忽视。我们可以从"领结"的大小、松紧上来看其与人的心理的关系，如表4-5所示。

表4-5　领结样式与人的心理的关系

领结样式	具体内容
领结大而松	这类客户与人交往比较真诚，温文尔雅，无拘无束，深得周围人的欢迎和认可
领结小而紧	这类客户大多数是独来独往型，性格孤僻，做事总是先考虑自己，人际关系较差。如果出现在身材瘦小的人身上，还表明有一种希望在他人心中高大起来的心理
领结大小松紧适中	这种客户比较注重言谈举止，做事严谨细致，能以极大的热情和精力投入到一件事情当中去

值得注意的是，我们判断一个人不能完全依赖于领带的颜色和领带结大小。要兼顾到其不确定性、偶然性等因素。比如，有的男人因出入场所不同，对领带的需求也会随之变化。有的人只有在特定的情况下才会偶然打领带。对于这些人，这些判断方法都不会有太大的参考意义。

小 贴 士

领带的作用类似于女人的丝巾，但男人的行事原则和人品秉性却可以通过领带的打法及颜色的搭配展现出来。从领带搭配可以观察男人的"本色"；而反过来，懂得穿戴心理学的人，会善用领带这一细节达到目标形象的心理暗示。

4.3　嘴部变化：内心隐藏的那些小九九

嘴，是表达想法、宣泄情感最直接、最主要的通道。人与人之间的交流任何时候都离不开嘴，也正因为此，嘴部的动作才越加丰富多样，并且能够直接体现一个人的心理活动。

作为销售人员，在与客户交流的时候不仅仅要听对方在说什么，更要注意对方嘴部形态的变化，以便从中发现隐藏于其内心的秘密。

☆ 案例

秦丹丹，某房地产公司的业务员。刚进公司时还是名新人，经过一段时间的培训，练就了一副"鹰眼"，成为最善于察言观色的高手。

根据聊天得知，她曾遇到这样一对客户。对方准备购置一套花园洋房，但对房子的要求非常高。奔波了一周，才帮他们找到满意的房源，这对夫妻看了以后，无论是对建筑风格，室内结构布局，还是后花园，车库，都十分满意。

看房那天，这对夫妇难以掩饰心中的兴奋，尤其是那位女士，眉开眼笑，嘴角后伸，上唇不由自主地提得老高："这一切都太完美了，我真想立刻就拥有它。"看到对方这种表情，秦丹丹终于松了口气，知道事情已经基本成功了。

秦丹丹对女士说："如果您满意，我们就可以办理相关手续了。在与您签单之前，我必须告诉您一件事情，这栋房子价格比您预期的要高些。"

一听这话，女士脸上的笑容立刻消失了，上扬的嘴角开始慢慢下垂，站在旁边的男士则嘴角一扬，半微笑地看着女士。秦丹丹敏锐地觉察到对方的笑明显是"强装"出来的，对方不赞同。

秦丹丹觉察到了客户的这一心理变化，便机灵地转移了话题："我想你们肯定是经过慎重考虑才选择来这里的。"

"我就是这么打算的。"女士讲。

"对啊，您看这儿基础设施完善，环境非常好，交通便利，其价格高也是有原因的。咱们选住宅也图个舒心不是……"经过秦丹丹一番解说，夫妇俩也不在价格上过多地计较了，最后终于成交。

秦丹丹之所以能够不失时机地把握住机会，最关键的是通过客户的嘴部变化准确地把握住了其心理变化。女客户前后截然不同的态度完全表现在了嘴角上，嘴角由上翘转而下垂，就是其心理起落的过程。同时，那位男客户听说高房价之后，也表露自己的态度："嘴角一扬，似笑非笑"，这明显地是在拒绝。

男士只是不便直说，但内敛的嘴角、僵硬的笑容中已经表露无遗。显然，这对夫妇对这个"房价"都有意见。秦丹丹意识到这点，巧妙地避开房子的价格，转而谈起了与房子相关的价值，从心理上给客户一个缓冲，让他们感觉到多付几万元也物超所值。

看了上面的例子，有不少新人可能会感到不可思议。其实根据客户的嘴部变化来判断其内心动向，关键要把握两点：第一是要细心，第二是要掌握必要的技巧。细心的问题只要用心就可以解决，而技巧则需要加强学习。这里就简列几种常见的嘴形所表达的意义：

人在假笑时，嘴角会僵硬地向内收，眼部几乎没有任何变化。如果是发自内心的笑，嘴角会向颧骨处上扬，牙齿会露出一部分。

说话时嘴表现出来的内心信息非常丰富。如，有的客户在说话时，嘴角总是爱做一些古怪的表情，其实，这是一种习惯所致，或多或少地反映当时的内心状态；再如，说话时候以手掩口，表明对方存有戒心，或者在尽力掩饰什么，或者这人较为害羞。具体如表 4-6 所示。

表 4-6　嘴部动作与客户的心理

嘴部动作	具体内容
嘴角向后拉	表明对方正在集中注意力听你说话，对你的言谈极有兴趣，嘴角下拉，则相反
嘴角上扬	表示善意、礼貌、喜悦，这种肢体语言能让人感觉到真诚
嘴角下垂	内心痛苦、悲伤，或者被负面的情绪所困扰

嘴部动作	具体内容
嘴角扁平	紧张和沮丧，而且随着紧张程度的越来越大，嘴唇会更加扁平
咬嘴唇	表明客户对自己的言行不满，有愧疚，自我惩罚之意，也有一种可能是对方正在思考
张大嘴巴	感到吃惊时，或高兴、开心

小 贴 士

　　嘴部作为与客户交流、谈判的重要工具，要充分利用起来，不要只在意对方说话时的状态，即便在不说话时仍要传递内心的笑眯眯。在营销中，如果能善于利用好嘴，你的推销工作将会更加顺利。

4.4　小表情大秘密：脸部表情透露出的信息

　　心理学家通过实验证明，人脸上的表情更接近人的真实内心，能透露人们内心的情绪和感情、心境和态度。客户在表达自己的观点时，总会有意无意地辅以脸部表情、肢体动作，这些非语言成分一点也不亚于口头语言，往往蕴含着更深的内心活动。

　　比如，对方对货架上的产品感兴趣，目光就聚焦在货架上；或者表现得眉飞色舞，饶有兴趣，这都是购买前可能有的表现。销售人员在与客户谈话时要注意到这些表情、动作，根据这些表情采取有效的应对措施，以增加成交的机会。

案例

　　陈兴随同组长老罗去拜访客户，进门之后，客户很客气地请他们入座。老罗边说"谢谢"，边坐下，陈兴也顺势坐在了客户对面。落座后老罗开门见山，说明了此次拜访客户的目的，并把之前做好的项目给客户看，客户一边看一边点头。

双方谈得比较顺利，不到五分钟就基本达成协议，临走之前，客户很客气地说要请他们吃饭，陈兴准备答应，老罗却婉言谢绝了。陈兴大为不解，出了客户公司后马上问老罗："老罗，盛情难却啊，怎么拒绝客户的邀请呢？"

老罗笑了笑说，"你没看出来啊？他表面上客气，实际上是想赶我们走啊！你倒好，还美滋滋地答应下来。"

陈兴一脸茫然。老罗接着说："这些信息都表现在他脸上了，没看出来啊，虽然满脸堆笑，但眼睛神气都没有。由此可见他对我们没兴趣，我觉得这次合作都是在敷衍我们。不信？过两天你打电话问问他的想法。"

陈兴说："我真不信，过两天我给他打电话。"第二天，陈兴给对方打电话，对方说正在开会。陈兴不死心，下午又打，"老板已经出差了。"陈兴才意识到对方明摆着不想接他的电话。

人脸上有很多种表情，每一种都是内心的流露。正所谓相由心生，有什么样的内心，脸上就会表现出什么样的表情。作为销售人员若能掌握这种心理技能，便可以通过客户脸上的表情分析出他们内心的真实想法和购买意愿。

肢体语言和口头语言是两个不同的交流系统，口头语言包括语气、语调、语速、音量，以及说话的方式；肢体语言包括人的身体语言、脸部表情以及其他肢体动作，这两部分共同影响着一个人的表达效果。正如亚伦·皮斯所说，"在人际交流中，双方做出的决定60%到80%都会受到言谈举止的影响"。

人际交往光靠口头语言是无法完成的，必须依靠面部表情、肢体动作的辅助，一个小动作、小表情隐含着丰富的信息。因此，销售人员在与客户交谈时，必须注意对方努力捕捉客户的一言一行，一举一动，每一个细节。你只有读懂这些肢体语言，才能更好地与之交流。

那么，销售人员应该注意客户的哪些脸部动作呢？下面就着重介绍常见的3种，具体如图4-1所示。

图 4-1　销售员应注意的脸部动作

（1）笑容

微笑是脸部表情中最常见的表情之一，这种表情被认为是世界上最美丽的语言，如果你看到客户脸上带有微微的笑容，说明你距成功也就越来越近了。

（2）眼神

美国成功学的奠基人戴尔·卡耐基曾说过："谈话时看着对方的眼睛是最起码的沟通技巧。"因为眼睛是一个人的心灵之窗，透过眼睛能看到对方的心灵，看透对方的心思。所以，销售人员在与客户交谈的时候，一定要留心客户的眼神。

（3）嘴部

可以表达人的情绪，无论是说话时，还是不说话时同样可以有此效果。比如，嘴唇闭拢通常表示和谐宁静、端庄自然；嘴唇半开或全开表示疑问、有点惊讶；如果全开，则表示惊骇。嘴角上扬时，表示善意、礼貌、喜悦。嘴角向下表示痛苦悲伤，无可奈何。当客户做出这个嘴形时，你不妨关切地问客户遇到了什么麻烦。

除此之外，脸部还有很多种表情，每一种都是心理变化的晴雨表，比如，高兴时就会嘴角翘起，面容上抬，眼睑收缩；恐惧时眉毛就会挑起并往中间靠拢，上眼睑抬高，下眼睑绷紧，嘴唇朝耳朵方向水平拉伸；吃惊的时候，眼睛圆睁，嘴唇无意识地张开等。

小 贴 士

　　一个人脸上每天都会很多不同的表情，任何一种表情都有这样或那样的意义，在实际运用中还要结合具体情况加以辨别，只有精准辨别，才有可能准确地判断客户的内心。

4.5　目光所到之处，正是兴趣所在

　　眼睛，最富于表现力的一个部位，目光是眼睛最直接的反应。透过眼睛能看到对方的心灵，悟出对方的心思。在面对面的交流中，相互对视的时间要超过60%以上。美国著名销售顾问杰哈德·葛史汪德纳曾说："在一个长达30分钟的业务交流中，双方大约会交换800种非言语讯息。目光交流是判断客户内心一条非常主要的线索。"

　　根据"目光"所到之处可以判断客户的心理状态。据此，也就不难理解，为什么客户在购买之前上下左右不断地看。看似漫不经心，实际上是在判断最适合自己的东西，一旦目光锁定了什么，即是对什么感兴趣。作为销售人员千万别忽视这点，在与客户交谈时一定要留心对方的目光。

案例

　　做房地产业务的钟达，在这方面有很多经验，一次他带着约好的客户看房子，客户看完后说："这个房子缺点很多，比如……"一下罗列了好几条。但钟达判断这不是客户的真实想法，因为当他在嫌这嫌那的时候，目光一直像雷达一样搜索着。先是在屋内环视一圈，后又转移到窗外，这明显是感兴趣的表现，起码是在试图深入了解。

　　可对方为什么故意摆出不感兴趣的态度呢？这就是一种心理策略，是为了取得更多谈判筹码。想到这里钟达更加有信心了，他顺着客户的思路，把谈话焦点转移到屋内格局、周围环境上来，以此来强化房子美好的一面，最后达成了交易。

目光是最好的交流方式，通过观察"目光"，可以很好地探知对方内心最深处的想法。在这里，最关键的是要明确不同目光的含义，掌握观察目光的技巧。

首先，根据目光的方向判断。

按照生理结构来讲，目光是向四周扩散的，很少会单纯地固定在某一个方向。为了便于理解，我把目光的方向硬性地分为上、下、左、右，环视这五种。

① 目光向上。

表示心存不满。可能心中早有怨气，只是没有找到发泄的渠道。这种客户可能会因为某个小问题与你争执不休，可能会一气之下拒绝你，但他们的拒绝并不是本意，而是希望表达内心的不满。面对这类客户，千万不要被对方表象所迷惑，而是要积极打圆场，争取改变对方固有的想法。

② 目光向下。

表明对方正在思考。这类客户心思缜密，做事谨慎，但略显优柔寡断。遇到这样客户你最好能给他充足的思考时间，必要时要引导他们深入思考，先听取他们的意见，然后再提出自己的看法。

③ 目光朝左。

表明对产品基本认同，客户有这样的表情，这时你完全可以放轻松一点，与对方聊聊产品的使用说明、保养方法等，以巩固产品在他们心中的良好形象。

④ 目光朝右。

表明客户拒绝之意，而且对不喜欢的产品绝不会动心。如果你强行推销，反而会对你产生更不利的影响。

⑤ 目光环视。

即上下左右四处观看，目不定睛，这是想摆脱你，时刻准备撤离的征兆。在这种情况下，你基本可以判定对方没有任何购买意向。

其次，根据目光的状态判断。

目光的状态是指，一个人在观察事物时所表现出来的目光特征，比如清澈与浑浊、柔和与凶狠、呆滞与炽热等，这些特征正是该人内心的最直接表露。

① 眼神炽热。

表示对方正在用心倾听，非常重视你的话，对你的话感兴趣。这时应该按照计划婉转陈述，只要你的述说有理，提出的建议可行，对方必然会乐于接受。

② 眼神呆滞。

这种目光常常配合头部动作，比如，下垂，摇摆等，表明对方心不在焉，有心事。这时不要在他面前炫耀，向他说得意事，更不要说丧气话，只需说关心的话。

③ 眼神恬静。

发出这种目光时，常常面有笑意，这表明对你很满意，如果再多说几句恭维的话，对方内心就会乐开花。这时是开口的好机会，只要提出要求，相信一定比任何时候更容易得到满足。

④ 眼神阴沉。

这是凶狠的信号，这时他是在赌，心怀诡计，想让你尝尝苦头。你与他交涉的时候要小心一点，应步步为营，不要亲近，如果准备不够充分，那么最好鸣金收兵。

⑤ 眼神迷离。

表示对方正处于迷茫、犹豫的状态，自己也无法拿定主意。这个时候就需要你更坚定一些，帮助对方做决定。

⑥ 眼神镇定。

这种目光包括两层含义，一，正在紧张地思考，二，不屑于听你的话。此时你不必多问什么，应该留出一点时间，让他冷静思考后给予答复，这样合作才会愉快。

⑦ 眼神愤怒。

表明对方正在气愤，如果你不打算与他决裂，则应表示妥协，谋求转机。否则，再逼紧一步，有可能引起正面的冲突。

目光所隐藏的含义因人而异，千万不可理解为只要有以上目光特征的人，都会做出这样的反应。相反，有的人会反向操作。

比如，"说话时眼睛大睁、盯着你看"，这样的目光不是惊讶、好奇，而是表达"不情愿透露内心真实想法"的信息。再比如，"眼睛不停地眨动"，大都会认为这是一种可爱的表情。但有的人为了不让别人看透自己的内心，尽力掩饰时也会这么做。

对于类似可能有歧义的"目光"，销售人员要结合其他方面综合判断，否则就会本末倒置，认为是客户发出的"购买"信号，殊不知恰恰是"拒绝"信号。

小　贴　士

目光交流，是人与人交流中非常重要的一种方式，根据目光特征可以判断对方的心理状态。但掌握目光透露出的信息也会有错的时候，需要根据当时的实际情况来做综合判断。

4.6　眉毛是最可靠的"情报员"

大量事例证明，多数销售人员推销的失败与自己不善于观察，忽略细节有关。这里就为大家提供一个能够有效把控客户心理的方法——观察客户眉毛的变化。

眉毛是人脸部非常重要的组成部分，能够表达当事人的一种心情。比如，一个人在你面前轻抬眉毛，这表示对你有好感，对你提的意见或建议表示认可；相反，如果眉毛轻轻一抬，瞬间恢复到原位，则表示对方丝毫不关注你的一切。所以，在人际关系中，当你看到对方眉毛表情过于丰富时就要引起注意了，要认真揣摩一下对方的心理，思考一下对方想要表达的意思。

然而，由于眉毛在面部的位置不够显眼，其动作大都非常微妙，所以往往被很多人忽略。但是，其隐含的信息却不可忽视。

★ 案例

团队里有一位新人叫唐玉林，当时，为了给新人一个锻炼的机会，公司要我陪他去拜访客户，并让他充当这次谈判的主角。在去之前，我把谈判话术的重点、细节都向他一一做了交代。他来到客户办公室，明显有些不自信：

"××总您好，我是A理财公司的职业顾问唐玉林。"

"您好。"

简单的寒暄之后，小唐就直接介绍产品："您最近关注过股市行情没？"

"知道一点，不过我很少关注。"对方很显然是在应付他。

"那您的收益呢？"

"一般般。"

"我们公司有一款产品让您足不出户就对行情了如指掌，还能及时准确地指导您交易，希望您看看。"唐玉林迫不及待地对客户说。

"哦，那怎么卖？"

"5000元，我先给您详细介绍一下吧。"

……

接下来，他就从头到尾说了一遍，客户听得一头雾水，一点反应也没有。

我注意到客户听得非常吃力，斜着眼睛，眉头紧皱。不能让这场谈判提前结束了，这时，我赶忙过去打圆场："××总，前两天我在报纸上，看到贵公司的产品非常受年轻人的欢迎。听说他们参加野外活动订购的全是出自贵公司。"

听了这句话后，客户紧皱的眉毛立刻舒展开来，满脸堆笑，立刻对我说："没错，我们的产品质量很好，销售非常好，尤其是年轻人对这款产品有极大的兴趣……"

客户侃侃而谈起来，有大概20分钟之久，显得非常兴奋。在此过程中，我基本上一言未发，只是默默地听着。

　　直到客户停下来时，我才巧妙地将话题引入正题。此时，对方的兴趣也慢慢提上来了，我们谈论得非常轻松，对方仔细询问了一些细节上的问题。最后，愉快答应先订购一套试用。

　　这次推销结束后，我向唐玉林分析说："在介绍产品的过程中，一定要注意客户的面部表情。客户的眼神和眉毛的表情已经告诉你'他不愿意继续这个话题'，此时就应该巧妙地转移话题，想尽一切办法引起对方的兴趣。而你仍是不顾客户的感受，漫无目的地说着，这样，客户能不烦吗？"

　　"还有一点，"我对唐玉林说，"要想与客户的谈判顺利进行，在谈话中千万不可一开始就推销产品，而是要找到客户感兴趣的话题，在心理上与之拉近距离。只有彼此之间产生了共鸣，你才更容易被客户接受，这样即使不成功，也能给下次拜访留一个机会。"

　　由此得出，在与客户进行交谈的时候，一定要善于观察客户眉毛的变化。因为眉毛是最能表露一个人心理的地方，是最可靠的"心情报告员"。一般来讲，眉毛、与眉毛有关的动作及与人心理的关系包括如表4-7所示的内容。

表4-7　眉毛及与眉毛有关的动作与人心理的关系

眉毛动作	具体内容	眉毛动作	具体内容
眉毛抬高	表示吃惊或难以置信	眉心舒展	表明心情坦然、愉快
眉毛半放低	表示疑惑不解	双眉上扬	表示非常欣赏或极度惊讶
眉毛全部下降	表示生气愤怒	单眉上扬	表示不理解、有疑问
眉头紧锁	表示内心犹豫不决	眉梢上扬	表示高兴、心情好

小　贴　士

　　眉毛变化多端，不同的表情隐藏着不同的心态。正如克拉森所说："面部的一些细微动作和表情，能够很好地显示出对方的所思所想，所以与人打交道时，别忘了注意他的眉毛和眼睛。"

4.7 客户要求吸烟，千万不可小觑

谁都知道吸烟是很多人的一种生活习惯，但是很少有人知道其实也是一种心理反应。尤其是企业白领，企业管理人员等承受较大工作压力的人，为了释放压力，缓解疲劳，都会不时地吸烟，遇到棘手的、难以解决的问题时甚至会一支接一支地抽。

有心理学家发现，吸烟与人的心理关系很大，而且不同的吸烟姿势反映着不同的心理状态，这意味着通过吸烟姿势可以判断一个人的心理。在商业活动中，我也经常看到有些客户主动要求吸烟，遇到这种情况，我则顺势根据吸烟这个细节来判断他们当时的心态。

案例

一次，一位老客户来取货，我习惯性递给了一支烟给他，还帮对方点火。由于我们合作时间较长，非常熟悉，见面后谈话都比较轻松，往往在闲谈中就可搞定一切。

可这次我发现有点不对劲，对方在抽完之后又向我要了一根，并将烟卷夹在手上，走来走去，肆无忌惮地吐着烟圈。我从这些异常行为判断，可能是遇到了什么难处。

于是，我重新点燃一根烟，陪着他吞云吐雾起来。就这样，我俩闲聊了起来，聊了大概半个小时，始终没有谈一句关于产品的话题。

闲聊过后，客户起身就要告辞，我看了看时间也不早了，就把他送出去了。

当客户走出公司大门后，助手问我："经理，怎么什么都没谈就结束了呢？"

"你没注意吗，对方今天心情不大好，再谈下去也不会有什么结果。"

助手不解地问："早上看他挺高兴的啊。"

"表面上看是这样，但与以往不太一样，不停地抽烟，而且还特意地吐烟圈，平时不会这样的，估计是遇到了烦心事。"

事后，我从侧面了解到，原来对方是因为资金周转困难，暂时无法拿出足够的资金来打理货源。而且他还欠我几万的货款未还，这次表现得很为难，不好意思开口。我了解到这个情况后，主动打电话给这位客户，并提出可以先支付一半货款。自此，在以后的合作中我们更加信任。

我们撇开嗜烟成瘾的人不说，一般情况下，主动要求吸烟是一种特殊的心理需求。从这个角度来说，吸烟首先是出于心理的需要，当一个人承受较大压力时，吸烟能够得到缓解。因此，通过吸烟的反常行为来观察一个人的心理活动或状态是有科学道理的。

所以，销售人员在与客户交流过程中，如果对方有这些行为，就应该引起足够重视，注意观察对方吸烟的动作、姿态。

美国著名心理学家•J.福斯特曾对各种吸烟姿态进行了分析。借助他的理论，我总结出了3种与之相对应的性格特点。

（1）从持烟的动作判断人的性格

把烟夹在食指和中指指尖之间——性情比较平静、踏实，亲切自然，但容易随波逐流，缺乏决断力和意志力；

把烟夹在食指和中指指缝里——自我意识很强，不太善于协调人际关系，容易引起误解和反感；

用拇指、食指和中指夹着烟——性情较冷，但头脑聪明，工作作风干练，只是有时候这种骄傲会让人感到不快。

（2）从吸烟的方式判断人的性格

把烟叼在左端——思绪很多，计划性强，有城府；

把烟叼在右端——思维敏捷，迅速果敢，行动出手很大胆，常常出其不意；

把烟叼在嘴唇中央向上——爱慕虚荣，难做出超过自己能力范围的事情；

把烟叼在嘴唇中央向下——理性大于感性，踏实，做事决不会强人所难，但喜欢按着自己的节奏去推进事情；

嘴叼香烟同时有手部动作——非常自信，对自己的生活、工作现状比较满意，充满希望。

频繁抖烟灰——正承受着某种精神压力，或者过于紧张，如果等到烟灰很多时才会去抖落，表示为人谨慎，做事小心翼翼。

（3）从掐烟的方式判断人的性格

敲打烟头，把有火的部分敲在烟灰缸里弄灭——办事慎重，总想掩藏自己；

把烟很直地按在烟缸里捻灭——不会感情用事，做事界限分明；

把烟头折成两段弄灭——性格开朗，但有时会说话不算数；

火没掐灭也不在意——好恶明显，以自我为中心，缺乏协调性。

小 贴 士

优秀的销售人员总是能够通过各种方法来观察客户，哪怕是一根小小的香烟，也足以从中找到重要的线索，从而深入了解对方的心理状态。

第 5 章

读人术，破小动作看人心

动作是人与人沟通中将常用的一种辅性语言，比如，摇头、伸脖子、跷腿等。每个人都会或多或少地辅助些肢体动作。所以，在推销时销售人员要加倍细心，注意客户表现出来的某一动作，并读懂这些肢体动作所隐含的信息。

5.1 用"心"握手：握手姿势透露的信息

在商业活动中，见面之初无论男女都有握手的习惯，这本是最常见的礼仪。然而，这一看似简单的行为却不是那么简单，通过握手能判断出一个人的内心。比如，看其握手方式，握手力度的大小，掌心的干湿状态……这些细节都可能透露着对方内心的"秘密"。

因此，销售人员在与客户握手时一定不要忽视握手的细节，要善于通过握手来判断、揣摩客户的心理。

☆ 案例

吴欣是某零售企业的总经理，一天，她接待了某分销商负责人。对方在秘书的引导下来到办公室。

"吴总，这是建筑材料公司的陆经理，他在外等您半天了。"秘书介绍之后便退出了。

吴欣起身，面带微笑地走到这位客户身边，客气地说："很抱歉，刚才耽误了点时间，介绍介绍你的情况吧。"同时伸出了手。

话毕，吴欣发现对方没有握手的意思，急忙抽回了伸着的手。这时，对方似乎又感觉到了什么，急忙去抓，轻握了两下便缩回去了。

"您好，吴总是这样的，李总您认识吧。"

"我们都合作很多年了。"

"我受李总之托，前来与您商讨一下新货的问题，听说马上上市了，我们能不能加大订购量？"

"你们能力是有限的，订购太多恐怕对谁都不好。有时间，你还是请李总亲自过来一趟吧。"

这位客户本还想说什么，见吴欣已经坐回原位，只能起身告辞。

在短短的两分钟内，对方就被吴欣礼貌地请出了办公室。

本案例中既然是长期合作伙伴，双方谈话应该很愉快才对，可为什么他让吴欣这么反感呢？原因就在于对方一个细节没处理好：握手。通过握手，吴欣已经知道这个人是一个不值得交往的人。我们回放一下其中细节。

对方伸手迟钝：作为一名男士，职位又比对方低，往往要先伸手，相反，他只是被动地等着，表现出一副高高在上的样子，难免令人反感。

对方的手有气无力：对方伸手时毫无生气，握起来像一条死鱼，冰冷、松软，这样的手与他冰冷的心一样，丝毫没有热忱和尊重，这足以反映出他对这次会面不太重视。

在优秀的销售人员眼里，一个连最基本的握手方式都不明白的人，是不值得合作的。这样的人不但有可能影响到自己的形象，还会影响到企业的利益。

作为一名销售人员，必须懂得握手的基本礼仪，透过握手洞察对方的内心，从而对其性格、个性、为人处世有个大致了解。那么，握手应该注意哪些细节呢？主要有以下 3 点，如图 5-1 所示。

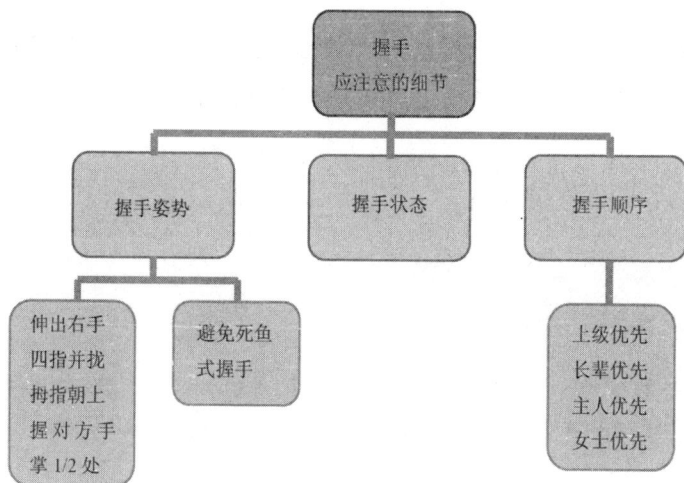

图 5-1 握手应注意的细节

（1）握手方式

标准的握手姿势是：伸出右手，四指并拢，拇指朝上，握住对方手掌 1/2 处，持续 1 ~ 3 秒；同时，面带微笑，上身略前倾，注视对方的眼睛，微微点头。

值得注意的是，握手要稍有力度，表达你的坚定和热切。最避讳的握手方式：死鱼式握手，这是一种比喻的说法，指的是在握手的时候，手软弱无力，冰冷、僵硬，像一条死鱼，这种方式体现了内在性格冷淡、无礼、冷漠，会令对方立刻产生一种被拒绝感，留下糟糕的印象。

（2）握手状态

状态是心态的直接反应，有什么样的状态就有什么样的心态。根据握手时的状态可以直接判断出客户当时的心态。常见的握手状态有以下 4 种，具体如表 5-1 所示。

表 5-1　握手的状态与其隐含的信息

握手状态	隐含的信息
双手紧握	握手正常来讲大多数人会用右手，但有些时候有的人也会用双手，这种姿势又称为手扣手式握手，"政治家式的握手"在正规场合中比较常见，这类人具有十足的热情和热切，很容易消除双方的距离。遇到这种人，说明对方很友善，你大可放松与之交谈，一步一步地向他推销产品
手心湿漉漉	这类人性格比较内向，容易感到焦虑、紧张，尤其是初次见面时会有压力。因此，在与这类客户交谈时必须先缓和气氛，让对方彻底放松下来，然后才转入推销正题
用力过度	拇指和食指紧紧攥握对方手的四指，像钳子似的。这类客户大都性格耿直、豪放，甚至有些鲁莽，这样的人做决定通常比较痛快，拒绝也比较直接。因此在向这类客户推销产品时要直接进入主题，简明扼要地讲明产品优点，吸引对方，让他意识到问题的重要性或好处
伸手缓慢	这样的客户有可能是不懂礼仪，有可能是性格问题，或者根本不重视你们的这次约谈。与这类人打交道时，不要轻易开玩笑，言谈举止要充分尊重对方，因为这类人很敏感，稍有不慎可能错失一笔生意

（3）握手顺序

经常出入大场合的销售人员都知道，握手的规矩非常多，先跟谁握，后跟谁握，是有讲究的。这个顺序的原则一般为上级在先、长辈在先、主人在先、女士在先。这就是说，如果你是下级、晚辈、客人、男士，那么在与人见面时，应该先问候对方，待对方伸出手后再与之相握。

在握手的时候，还要注意这样一些问题：先向对方介绍自己，再伸出你的手；如果你的手容易出汗，在握手之前要悄悄把汗擦干。

小 贴 士

握手是一门无声的语言，尽管很微妙，但足以能让我们瞬间判断出对方是怎样的一个人，让你在对方开口之前就能感受到他的内心。

5.2 察看手部动作，轻松掌控谈判局势

手是人体中最灵活的部位，可以轻松做出很多动作。值得注意的是，这里的每一个动作都不是独立存在的，它是一个人内心最好的表达方式之一。

心理学家弗洛伊德曾说："任何人都无法保守内心的秘密，即使他的嘴巴保持沉默，手指也会喋喋不休。"在交谈过程中，总会习惯附加各种各样的手部动作。心理学也表明，一个人手上的小动作越多，其心理就越容易被看穿。

手部动作是一个人非意识控制的行为，是在某个情境和情绪刺激下做出的潜意识行为。这种行为就像睡姿一样具有很大的习惯性和随意性。所以，通过手部动作就可以了解一个人的内心。对于销售人员来讲，仔细观察客户的手上动作，也成为解读客户心理的重要方式。

案例

江涛是一位非常有经验的采购员，一次与客户谈判时就很好地利用了手部一个不起眼的小动作。谈判初期，双方谈得很开心，到即将结束时双方在折扣问

题上互不相让，僵持不下。

他坚持要降低2个百分点，但对方说什么也不同意："江先生，我们给你的折扣已经很低了，而且运输费用也由我们承担，再让真的可能没利润了。"无论怎么解释，对方始终没有妥协的意思。

其实，江涛已经达到自己的目的，只是想尽可能地压低价格。因此他建议暂时休会，希望以此给对方施加点压力。

再次来到谈判桌，一上来对方就表明了自己的立场："××先生，我还是先前的意思，在价格上不能让步。"说完一脸凝重，正襟危坐。

对方丝毫不肯再降价，而且他注意到，对方双手摆了一个"尖塔"形的姿势，言外之意是："情况就是这样了，不同意就拉倒。"

这样的手势是坚决拒绝的意思，这也意味着对方不会做出让步了。江涛意识到回旋的机会已经很小了，沉静片刻后，江涛的手重重地拍在桌子上："考虑到我们的长期合作，我做让步，不过我也提一个小小的建议，首付款减少一点。"

双方一拍即合，在合同上签了字。

上述例子中对方摆出"尖塔"形的手势，无异于给对方下最后通牒，形成压力使对方必须尽快做出选择。江涛也注意到了这一点，并据此做出了正确的选择。

生意场上，很多有经验的人都喜欢用这个手势，两手呈一个"尖塔"状。这种姿势的具体做法是：拇指与四指呈九十度分开，双手指腹相对，手尖朝上，置于胸前，形成类似于教堂尖塔的形状。或者两手紧合，以肘部为尖塔的基点，放在桌子上或其他比较高的地方。

手部是手指、手掌、手臂及与双手其他部位所做动作的统称，样式非常多。不同的手势蕴含着不同的信息，同时，手势的发出者不同其意义也会有所差异。专业上，把这些与手有关的姿势统称为手语。

手语是人与人交流时表达思想和传递信息的一个重要方式，掌握手语有利于沟通的更好进行，作为销售人员有必要了解一些。无论是利用手语暗示对方，还是体会对方手语的意思，都必须先懂得手语蕴含的意义。

下面列举几种最常见的手势语及其代表意义。

敞开双掌——心胸坦荡、态度诚恳，表示赞成、愿意接受一切；

掌心朝上——谦虚诚恳，没有任何威胁性；

掌心朝下——表示不愿意做某事或接受某人，带有一定的强制性，而且会努力控制自己的行为和情感；

双手背后——一种权威感，显示自己高高在上的地位或无法比拟的优势；

双手在嘴部搓揉——表明对方正在思考，或者即将做出某种决定，而且多为一些对你不利的决定（否定或拒绝）；

搓手——表示焦虑、着急、紧张；

摊手——表示无奈、绝望；

竖起拇指——表明对方对你的评价很高，或是对自己的思想或现状非常自信；

两手支着后脑勺——是一种非常轻松自然的姿态，表示自己很有把握，或者愿意与你交流；

拇指向上翘起——通常表示赞同、同意的意思，如果是西方国家的客户，还有一种粗野的、不礼貌的意味。

小 贴 士

谁都想获得有利于自己的价格，销售中除了运用语言这个最基本的谈判工具，还必须辅以相应的手部动作。通过手部动作，既可表达自己的心理，也可以察觉对方的心理状态。

5.3　看坐姿：客户怎么坐很重要

一个人坐哪里、如何坐，与他当时的心理状态有着密切的关系。从心理层面看，一个人的坐姿以及对座位的选择能一定程度上透露出他的内心。因此，在观察客户的时候，销售人员可以多关注客户坐哪里，如何坐，尤其是在相对开放的空间，这有利于摸清客户的心理状态，看清客户的内心想法。

☆ 案例

大华是个细心人，一天有客户前来谈生意，他随即将对方带往接待室。这个接待室是个能容纳20多人的大会议室，门口并排4个座位，中间三排五行共15个。

当时接待室空无一人，客户进去之后直接坐在了门两侧最前排的位置上。这个举动引起了大华的注意。因为根据他的经验，为避免受他人干扰，或者自我保护，大部分人都会选择中间的座位。而这个人选择了门口的座位，可能是出于方便，也可能是出于习惯。但总体上看，是一个做事主动、性格爽快的人。

另外一点，他的坐姿夸张，大部分入座时轻而缓，走到座位面前转身轻稳地坐下，而该客户却相反，风风火火，时而还制造出些嘈杂声，这也说明对方的心情比较急躁。

对于这类客户，最重要的是让他们直接看到最终的效果，再多的口舌之功反而会起到反作用。

了解到这些之后，大华改变了原先的推销策略，直接前往工厂让客户实地考察，以最直观的产品效果来打动对方，促使对方当场做出决定。果然，客户看了新产品后非常高兴，很快就产生了浓厚的兴趣。

选择坐前排，坐姿过于夸张的人，可以断定对方一个性格直爽、做事麻利的人，同时内心深处比较开放，有较强的接受能力。针对这类客户，最有效的推销方式就是给他最直观的视觉感受，充分调动其积极性和主动性。例子中的大华就很好地做到了这点，通过对客户座位选择、坐姿的观察，判断出对方为人处事的风格，为推销策略的确定提供了便利条件。

日常生活中也一样，假如你在图书馆、影院等公共场所看到某人总是爱找后排或者人少的地方坐，乘公交总爱往后排跑，绝对不是随意之举。这个看似不起眼的举动，与他的心理状态息息相关，隐含着自卑、内向等信息。

由此可见，在座位、坐姿的选择上可谓是大有学问。作为销售人员，要充分了解客户座位选择背后的心理，最大程度掌握客户心理，以便在与客户的交流中从容不迫、游刃有余。下面是最常见的8种坐姿以及其隐含的信息。

（1）双腿并拢，垂直于地面

这样的人优劣势明显，优点在于为人真挚诚恳，襟怀坦荡，做事有条不紊；缺点在于过于谨慎，略显死板，缺乏灵活性，缺乏开拓和冒险精神，往往只做有把握的事。

（2）以桌子为遮挡物，面对面而坐

面对面相坐更有利于双方的交流，但以桌子为遮挡物，常常形成"进攻—防守"型的格局。因此也容易产生对抗性，给人以压迫感，使谈话充满不稳定性。

（3）坐在侧面或呈九十度角

这种坐姿是最有利于沟通的一种姿势，成犄角之势，双方既可以充分观察对方，又可以避免赤裸裸的直视带来的不适。

（4）低头哈腰，身体蜷缩

这种坐姿表现为小腿缩在凳子下，双手夹于大腿中。这是不想被人过多关注的表现。这种人缺乏自信，自卑感较重，但还算谦逊谨慎。

（5）跷二郎腿

这种坐姿经常出现在位高权重的人中，这是优越感十足的表示。与此同时，有的人还会双脚不停地抖动，这表明他心情比较放松，或者脾气比较急躁。

（6）脚踝交叉，双脚向前

这种姿势一半会辅以手部的动作，比如，双拳紧握，双手放在膝盖上，或双手紧抓住椅子扶手等。这样的人有很强的嫉妒心理和防御意识，比较难相处。

当一个人努力控制自己的紧张情绪、恐惧心理时，也常常采取这样的坐姿。

①双腿不停抖动，同时喜欢用脚或脚尖点地。这种坐姿的人比较自私，凡事只考虑自己，从利己角度出发，对别人很吝啬。

②坐姿随意、夸张。这种坐姿表面上看随随便便、不拘小节，实际上内心正隐藏着不安，或有心事不愿告人，因此不自觉地用这个动作来掩饰自己的压抑心理。

小 贴 士

坐姿不经意间就会出卖你。根据坐姿，我们可以迅速洞悉一个人的性格和心理。不同性格的客户会选择不同的座位，即使性格相同的人，由于当时的心理、心情的差异，位置也会有所不同。

5.4　看站姿：客户怎么站很重要

说到站姿，大家脑海中肯定会想起鲁迅《故乡》中杨二嫂"站立时双手叉腰，像一只细脚伶仃的圆规"，展现出一个自私狭隘、尖酸刻薄的女人形象。心理学家指出，一个人的站姿与其内心是紧密联系的，不同的站姿显示出人们不同的性格特征和心理状态。

站姿能反映心理，也就是说，只要仔细观察一个人的站姿，就能对这个人的心理有大概的认识。

在推销过程中，销售人员完全可以通过站姿去进一步了解客户的心理。

案例

新员工加入，老员工离去，每到这个时候就是团队业绩最困难的时候，管理跟不上，业绩上不去。为此，我规定在这段时间内，一名新人必须配一名老人（有经验的推销员）传帮带。

又一批新员工加入团队之后，主管的梁天负责带小刘，这个伶牙俐齿的小姑娘，虽然业务不太熟练，但与客户交流时一点也不怵，这为她增色不少。但是，遇到特殊的客户，仅仅靠能说会道就显得捉襟见肘了，还需要会察言观色。

一次去拜访客户，对方是一位与她年龄相仿的女子，她的这种态度把客户彻底激怒了。

原因是这样的，当时双方就产品的一点小问题产生了分歧，而且对方态度很强硬。这在小刘看来简直忍无可忍，遂发生了争执。在争执的过程中，梁天注意到客户说话时两手叉腰，双脚稍开，脚尖朝着门外。

见此景，他赶忙制止了小刘，当了一番和事佬，平息了对方的火气。

事后，小刘埋怨梁天为什么如此软弱。梁天对耐心地说："有没有察觉到对方的站姿？"小刘红着脸想了半天，说："我真没注意。"梁天笑着说："还是缺乏经验啊，我告诉你吧，对方原本只是很随意地站着，这表明对方还有意与你交谈。当发生争执时，她立刻站直了身子，双手叉腰，双脚朝外站立着，这是要你马上离开的意思。此时你应该识相点，不要做无谓的争执。"

从梁天的话中，小刘意识到了之前对客户的无礼，于是点点头说："是的，确实是这样。"

站姿千姿百态，每个人都有自己习惯的站立姿势，每一种都反映着自己的性格与心理。销售人员在与这样的客户打交道时一定要注意对方的站姿。有的人甚至不断变换站姿，这时销售人员就要敏锐地意识到，随时根据站姿的变化调整自己的应对策略。

常见的站姿有 10 种，简列如下。

（1）双手叉腰，双脚微开

这是自信心、优越感的表现，常常与双手后背配合使用。这种站姿一般出现在有充分心理准备，或占绝对优势时。如果双脚分得比较开，大于肩宽，还有潜在的进攻性。

（2）背部挺直、胸部前挺

这种站姿往往给人以积极、乐观、自信的印象，这类人性格比较开朗，特别注意个人形象。

（3）弯腰曲背、略显佝偻状

这种站姿与第2种姿势所表现的意义恰恰相反，这类人属于封闭型，自我防卫意识较强，情绪多为颓靡，意志比较消沉。

（4）不断改变站姿

这类人性格急躁，暴烈，内心常处于紧张状态，善变，情绪不稳定。

（5）双脚内八字状

这种站姿多见于女性，有极强的支配欲和好胜心，但又不愿意被人察觉的心态。

（6）有意地遮住裆部

这种站姿男士居多，此举是一种防御性动作，表明对方内心不安，焦虑。

（7）双脚并立，双手叠放于胸前

这种站姿是拒绝的意思，经常有该站姿的人比较顽固，难以相处，不会轻易改变自己的原则。也就是说，如果对方执意坚持自己的意见，就不要企图去改变。

（8）双脚并立，站立时双手置于背后相握

这种站姿的人责任感强，奉公守法，尊重权威，通常给人高深莫测之感。同时也谨小慎微、追求完美，与这类人打交道，最主要就是要坚持原则，不能越界。

（9）单腿直立

这种姿势是保留态度，或轻微拒绝的表现，也可能是拘束或缺乏信心。值得一提的是，这种站姿多样化，原则是只要保持单腿站立就有上述意思，另一条腿或弯曲或交叉，或斜置于一侧。

特殊站姿：通常辅以较多的附加动作，具体如表5-2所示。

表5-2　特殊站姿与其蕴含的信息

站姿	隐含的信息
一只手紧紧攥着另一只手臂	可能是正在压制对自己的不满、愤怒等负面情绪
站立时双臂置于臀部	自主心强，处事认真而不轻率，驾驭能力强，但是比较顽固、主观
站立时一只手插入裤袋，另一只手置于身侧	性格复杂多变，时而冷若冰霜，对人处处提防，时而与人推心置腹，极好相处
站立时双手自然下垂轻置于腿部	比较诚实可靠，做事循规蹈矩且生性坚毅，不会轻易放弃

小　贴　士

与坐姿一样，通过站姿来探知人的性格特征和心理状态，也是一种非常有效的途径。在推销工作中，销售人员应对客户的站姿进行认真、仔细的观察，并对其进行深度分析，来找出对方内心隐藏的性格特点。

5.5　看走姿：客户怎么走很重要

人走路的姿势一般是从小养成的，但这绝不仅仅是习惯问题。古语说"以行观人"，通过观察一个人的走路姿势可以判断他的行为。从心理学上看，人走路的姿势是内心状态的集中反映，往往会泄露心里的秘密。

读人术，破小动作看人心

人走路时姿势在所有的姿态中是最直观的，最容易被他人观察的。比如，步调大小，快慢，急缓等，特点极为明显，这些特征都反映着一个人的心理状态。我们在销售时候，若能够真正地抓住客户走路的特征，细心观察，探寻规律，就可以从"走路"这一肢体语言中进一步了解客户的心理。

★ 案例

小昭是一家食品公司的市场部助理，经验丰富，很多时候凭着客户的某一个细节就可以做好判断全局的形势。

一次，他受公司委派去与分销商章某谈合作的事情。小昭急匆匆地来到客户办公室，恰巧对方不在。就在小昭焦急万分的时候，忽然听到办公室外面传来了"踢踏踢踏"的脚步声，步伐显得异常缓慢，似乎双腿灌满铅块抬不起来。

小昭迅速对即将出现的这个人有了大致的勾勒：这可能是一个很不好对付的人，表面上通情达理、和蔼可亲，甚至不会过多地纠缠于一个问题，实际上却斤斤计较，小心谨慎，该做决定时犹豫不决。

果然，后来的谈话证实了小昭的判断，对方在很多条款上提出这样或那样的问题。尤其是在交货期上，小昭作为供货方，说："这批货最早也要过半个月才能到，否则时间根本不够。"对方则希望能在十天内到货。

小昭心里很清楚，在十天内完全不可能供货，所以没有急于向对方做任何承诺。

客户看到小昭迟迟不说话，就站起来在办公室内走来走去，脚步急促，似乎在思考着什么，片刻后对小昭说："这样吧，我们在供货时间上存在较大分歧，今天再谈下去也不会有什么结果，不如明天我们再谈吧！"

小昭马上意识到如果真这样，之前一番努力都会白白浪费掉，而且像章某这类客户，处处犹豫不决，容易受到外界因素的影响，如给他过多的喘息时间，将有可能在下一秒失去。

小昭回应道："要不这样吧，我们再提前三天，十二天内保证供货。"

章某似乎很不情愿，不过最终还是答应了："好吧，就按你说的办，十二天内供货。"

最终双方签订了合同。

小昭之所以能够如此快速打动客户，最关键的是他对客户两次走路姿势的判断：第一次门外缓慢的步伐，判定对方是一个斤斤计较、犹豫不决的人；第二次在办公室中走来走去，可以判断对方急切的心情。

"门外缓慢的步伐"是他个性的真实写照，很有可能他在生活、工作中就是这么一个不紧不慢的人。而他在办公室焦急地走来走去，则是特定情境下的一种心态的反映，表明他当时心里非常不安，隐含着"急于得到"的意味，同时还带有一丝绝望、失望。言外之意是告诉对方"我需要帮助""我需要有人帮我做出决定"。

在这种情况下，小昭当即提出了"十二天供货"的决定，也正是这一点让对方感到满意。

走路的姿态能反映出一个人的性格特征和当时的心理状态，销售人员在推销时可以根据客户不同的走姿来推断其当时的状态。

（1）步伐不均，急促

这类人此刻内心正在为某事着急、焦虑，并急于解决这件事。这类步调通常出现在急于赴约的人身上，建议不要过度干扰他们，期待下一次机会成效较佳。

（2）步伐较大而平缓

这类人意志坚定，气定神闲，心情佳，对谈判或交易有很大的把握，通常情况下，必胜的信念和优越的心理往往会助他居于主动地位。这类客户如果没有什么特别的事，他们一般不会拒绝你的介绍。

（3）步伐小而急促

这类人自卑、紧张，心理压力较大，时刻以抗拒的心态对待即将发生的事情。如果第一次没有给他留下一个良好的印象，以后会越来越难接触。所以，遇到这样的客户必须注意交谈的方式，你可以用"打扰您一分钟"的试探语接近，这样，他们的反应会立即明确。否则，你将要面临他们如火山般爆发的脾气。

（4）步伐小而轻快

这类人心情放松，充满愉悦，有时步伐略带着跳跃。他们通常对很多事情都能看到乐观的一面，感到满意。遇到这样的客户，向他们介绍产品通常都会欣然接受，加上情绪渲染，和他们谈话过程中也会充满良性互动，是极好的洽谈对象。

小 贴 士

人的性格与行动有着密切的关系，心理学家发现，一个人走路的姿势、行走的步态既能体现出他的教养、风度和身体健康状态，也能反应出其的性格特征和心理状态。销售人员推销时可以根据客户的走姿来推断其心理状态。

5.6 颈脖会"说话"，请别忽略它

据美国联邦调查局一名侦探警察述说，他在办案过程中往往会观察罪犯的脖子：一次，他到家里调查通缉犯时，遭到了罪犯母亲的百般阻拦，尽管这位母亲掩饰得很好，还是逃不过警察的眼睛，出卖她的正是脖子的一个小动作。

当听到敲门时那一刻，这位母亲就显得十分紧张，不过还是保持镇静，礼貌地与警察周旋。在谈话期间，当警察问："你儿子在家吗？"她说："没，他不在。"但却无意识地把手伸到颈窝，警察注意到她的举动，然后不断地问："有没有可能在你上班的时候，你儿子已经偷偷溜回家里？""没有，要不然我会知道的。"那一刻，警察注意到同样的动作——抓脖子。这时，警察已经意识到她是在撒谎，并确信她儿子一定在屋内。

为了证实这一推论，警察与她谈论了更长的时间。当他们准备离开的时候，警察再次问："因为工作的需要，我想再问你一次，你儿子真的不在屋内吗？"

这一次，她又重复了之前的动作。从她的举动中，警察确信她儿子就在家，于是他们要求搜查房间，结果真的把她儿子从橱柜里搜了出来。

通缉犯母亲的肢体语言暴露出这样一个信息——"儿子"与"屋子"存在某种必然的联系，这对词组对她来说充满了威胁。这个时候，她只好通过触摸或是敲打颈部来安抚内心。有的人会用手指搓或揉颈背，有的人会敲打颈侧或颈与喉结之间的部位，拉这个地方的皮肉。

同时，有人也观察过，当一个人在被车撞的那一瞬间，双手会自然地护着脖子，而不是其他部位。在青年男女约会时，女子会不停地玩弄自己的项链，很可能说明她内心害怕或不安，男子如果不安，也会摸脖子或者是拉衣领。

事实上，当一个人压力过大、心情焦虑、情绪波动较大，或受到威胁，或撒谎时，大脑会发出指令，使我们做出挤压、按摩、擦拭等一系列动作，这就是一种抚慰行为。肢体上的接触可以缓解人的恐惧、紧张等情绪，心理学家研究证明，其中脖子是最敏感的反应区。

在推销过程中，你可能也会遇到这类客户，当谈话让他感到不安或紧张时，他们可能会下意识地触摸自己的脖子。

☆ 案例

一次，老杨受公司的委派，去一个客户公司要债。那个公司的经理见到他时，笑容可掬，以礼相待，可是当老杨问对方："贵公司拖欠我们公司的5万元钱，现在请您还给我们"时，他呵呵地笑着："哎呀，我们目前真的有点困难，没办法把钱还给你们公司啊！"同时手不停地摸脖子后面，好像那里很痒似的。

当时老杨没有注意到客户这个动作，只是推托几次，倾诉了一堆难处后就回去了。后来证明客户根本不是没钱，而是撒谎故意推脱。

一般来讲，客户不想与你继续交谈下去时，往往会做与两种与脖子有关的动作:抓挠脖颈和拉拽脖子处的衣领。这两个小动作具有非常深的含义,具体如下。

（1）抓挠脖颈

用食指，通常是用来写字的那只手的食指，抓挠脖子侧面位于耳垂下方的那块区域。通过观察得出结论，人们每次做这个动作时，食指通常会抓挠多次。这个手势表明当事者疑惑不解或不确定，或者等同于在说"我不太确定是否认同你的意见。"当这个手势和口头语言不一致时，矛盾会格外明显。比如，客户说"我非常理解你的感受"，同时他却在抓挠脖子，那么说明他实际上没有理解你的感受。

（2）拉拽脖子处的衣领

关于颈脖部位的动作，有一种比较间接——拉拽衣领。当人撒谎时，面部与颈部神经组织会产生刺痒的感觉，于是说话者不得不通过摩擦或抓挠的动作来消除这种不适。这个动作不仅能解释人们在疑惑的时候为什么会抓挠脖子，还能解释撒谎者担心谎言被识破时，会频频拉拽衣领。这是因为撒谎者一旦感觉到对方的怀疑，就会紧张不安，脖子冒汗。

小 贴 士

如果想知道客户想什么，或有什么感觉，可以注意他的脖子，关于脖子部位的行为所传达的信息非常准确，并且在各个文化当中都适用，原因是这种行为产生于大脑的边缘系统，并且是对当时情况的一种反应。

5.7　抖动双脚：暗示赶快结束谈判

在人际关系中，人们关注最多的往往是头、脸等比较容易看得见的部位。却忽略了人体另一个更重要的部分——脚。英国心理学家莫里斯研究发现：离大脑越远的部位，其行为的可信度越大。据此，可以断定从"脚"部暴露的心理信息更客观、更可信。

如果你仔细观察一下，就会发现很多人都有抖动双脚的习惯。或许你也在某个时候无意中抖动了双脚，只是你没有意识到而已。在特定的情况下，脚会表现出各种不同的姿势，比如，翘着、架起来、伸直、并拢，甚至是抖动，以配合当时的心理状态。可是如果一个人坐着老不动，会影响脚步的血液循环，腿脚会感到不舒服。而人一旦感到不舒服，就会无意识地动起来，但动作又不能太大，因而抖脚就成了最佳选择。

如果一个人长期处于紧张或焦虑的心理状态，身体也会产生不舒服的感觉，心理上的不舒服在生理上会有所反应，最具代表性的动作之一就是抖动双脚。

★案例

销售经理胡凯和某公司的老客户约好了面谈时间。不巧客户临时有事，正准备离开时，胡凯到了。

由于双方合作一直很好，所以客户也不能让胡凯白跑一趟，就放下手提包，请胡凯坐了下来。胡凯说明了来意，拿出公司产品的样品。客户低头扫了一眼，然后就说："不错，不错！"

胡凯仍在继续讲解新产品的特点，丝毫没有注意到对方焦急的神态。

突然，胡凯从办公桌侧看到客户双脚不停地抖动，就意识到对方可能心情比较焦急，这是急于离开的征兆。他这才想起刚进门时对方提起公文包准备离开的情景，于是他断定对方一定有急事，便主动地说："柯总，您是不是有急事啊？要不这样吧，我们再约个时间面谈，后天下午？"

客户说："我马上要去火车站接一位朋友，就按你说的办，咱们约定后天下午。"得到对方的承诺后，两人一起走出了办公室。

胡凯主动告辞，增加了客户对他的好感，三天之后，客户主动给胡凯打电话。这一次柯总心情特别好，在耐心听完了胡凯的介绍后，略加思考便决定购买。

脚步动作可以透露人的心中的秘密，当一个人心里焦躁不安，或对某件事情不满时，通常会频繁抖动双脚。反过来说，当你发现客户不停地抖动双脚，说明他内心焦躁不安，这时候你应该赶快结束推销，另择良机。

在人与人的交往中，人们往往注重对方的脸部表情，或上半身的肢体动作，而忽视隐藏着下面的脚。因此，即便有时候有人在撒谎，刻意掩饰自己内心的真实想法，也会被忽略掉。

脚部动作不像头部、脸部，或者四肢那样灵活，所以，其所能做的动作也会少得多，而且大多伴随着坐姿、走姿、步伐等。

小 贴 士

离大脑越远的部位，其反映内心的可信度越大，脚离大脑最远，因此也被认为是最容易透露内心秘密的部位。因此从"脚语"中窥探客户心理信息自然也就是一种不可忽视的方式了。

第6章

迎合术，巧抓规律开心门

消费心理决定消费行为。每个客户的消费心理都不同，有的追求名牌，不惜重金消费；有的客户追求实用价值，价格公道。在与客户沟通时，需要先了解对方的消费心理，这样才可能抓住消费规律。

6.1　借力造势，迎合客户的从众心理

在热闹非凡的大街上，有一家不起眼的京味小吃，每次路过，总能看到排着长长的队伍。去过几次，味道不错，除此之外便没有什么特色，可为什么会有天天排队景象呢？我认为最关键的是独特的经营策略：限时出售，每天早上 6 点就开业，10 点就关门，仅仅 4 个小时时间，哪有不抢购之理？因此，每天一大早就有人排队来买，生怕没了，到了八九点高峰期，队伍越来越长，络绎不绝。

用心理学上的观点解释，这是一种"从众效应"，指的是在受到外界因素的影响下，在判断、认识上会向公众舆论或多数人的思维方式、行为方式靠拢的一种现象。那家不起眼的京味小吃就是利用了这种心理，通过限量来制造抢购的假象，以达到购买者争先效仿的目的。在抢购的氛围中，很多人也许并不知道这种食品好吃与否，只要看到这么多人购买，宁愿相信好吃也不愿错过。

从众心理，同样可以成为一种销售策略。利用人们的喜欢凑热闹、习惯扎堆的习惯，在推销之前先营造一种抢购假象，以带动更多的人参与进来。

☆ 案例

一位推销某燃料的推销员小雷，听说某大型公司要购进一批燃料。一大早就去拜访这家公司的负责人，谁曾想，一到该公司就发现有好几家生产商的销售人员早已经排队等候。

面对如此多的竞争者，如何才能让自己脱颖而出呢？小雷心想，最重要的是先取得与客户谈话的机会。正巧，客户方要求每家生产商先提交一份产品相关资料，最终通过者才有可能参加下一环节的竞聘。

他灵机一动想到了一个办法：在递交产品资料时，里面夹了一份客户订货清单，清单上介绍着国内外多个合作伙伴的订购情况。

这家公司负责人面对十多份产品资料，走马观花地看了一遍，最终定格在小雷提供的资料上。仔细看过到这份单子后，果然产生了极大兴趣，于是当场留

下小雷进一步详谈。

　　小雷凭借着这份特殊的推销方式，得到了与客户直接谈话的机会，最终在众多竞争者中脱颖而出。

　　例中这位销售员用一种独特的方法为自己"造势"，借助老客户的影响力取得了新客户的信任。其实，这也是一种从众效应的巧妙运用，尽管不是在大街上排队，但那么多客户推荐，已经在客户心中排起了无形的队伍。正是看到了同行竞相订购，才促使对方对自己推销的这种陌生产品产生信任。

　　在销售中，客户的"从众心"是一种非常普遍的现象，销售人员要善于把握，运用这种心理实现推销的化难为易，化被动为主动，激发出客户的购买欲望。值得注意的是从众效应是一种心理现象，具有很大的不稳定性，因此，在运用时不能生搬硬套，拿来即用，还要结合自身的创新性。

　　为了更好地运用这种方法，在利用时候还必须注意以下两点。

（1）不断创新，避免流于形式

　　"从众"是一种比较普遍的社会心理和行为现象，通俗地讲就是"人云亦云""随大流"，大家这么想，我也就这么想；大家这么做，我也就跟着这么做。然而，现代社会是一个崇尚个性化的社会，很多客户在受群体影响的同时也追求个性，比如，同样的京味小吃，有的人喜欢吃甜的，有的人喜欢吃咸的。

　　因此，销售人员在推销过程中应该注意到一点，并不是所有的客户都适合从众的方法。对于那些喜欢追求与众不同、有个性的客户来说，反而容易引起客户的反感情绪。在他们看来，"别人要买，那是别人，跟我无关。"

（2）不能利用客户弄虚作假

　　销售人员要想利用客户的从众心理，在讲解过程中必须列举一些客户购买过产品的案例。值得注意的是，这些案例必须真实可靠，有一定的依据。既不要夸大事实，也不要随意捏造。否则，一旦被揭穿，客户就会产生被欺骗和愚弄的感觉，这样将会失去成交的机会，永远无法从客户那里获得订单。更重要的是这种不良印象还可能会影响其他客户。

购买行为虽然表现为一种个人行为，但是很多时候又受社会购买环境等这些外在因素而影响。从这个角度上讲，人的购买行为也是一种社会行为。这也为销售人员充分利用从众心理效应扩大销售提供了更多的机会。推销人员利用人们的从众心理，可以争取到更多客户参与进来，更快、更有效地促使客户立即做出购买决定。

小 贴 士

置身于一个群体的环境中，很少有人能够不受影响，而且会因此怀疑、改变自己的观点和判断。作为销售人员应该了解这种心理，借助大众的力量来影响个体客户的购买行为。

6.2 营造环境，满足客户被关怀心理

随着消费观念的转变，很多客户不但要求物质上得到满足，而且心理上也要得到满足。而在满足客户心理需求上，最重要的一个环节就是环境的营造。如果能给客户营造一种舒适、和谐的购买环境，对交易达成有很大的促进作用。

比如，有的餐厅将就餐环境设计得十分幽雅、舒适，放着优美的音乐，服务生态度热情、礼貌，其目的就是让客户吃得舒服，吃得开心。

案例

泰国东方饭店是一家有着100多年历史的世界性大饭店，这么多年来天天客满，不提前一个月预订很难有入住就餐的机会。其经营秘诀是，对每一个入住的客户都给予最细致入微的关怀，给人营造一个最舒适的、最贴心的环境氛围。

除了饭店的住宿、餐饮、娱乐等消费的大环境让人倍感舒适和享受以外，服务小环境也让人倍感温馨和体贴。比如，入住了这家饭店，早上起床出门就会

有服务生迎上来："早上好，××先生！"千万不要感到惊讶，因为饭店规定服务生在头天晚上要背熟每个房间客人的名字，因此他们知道你的名字并不稀奇。

当你下楼时电梯门一开，等候的服务生就会问："××先生，用早餐吗？"当你走进餐厅，服务生会问："××先生，要老座位吗？"饭店的电脑里记录了你上次坐的座位。

菜上来后，服务生与你交流每次都会退后一步，以免口水喷到菜上。当你走后甚至若干年后还会收到饭店寄来的信："亲爱的××先生，祝您生日快乐！已经5年没来了，我们饭店的人都非常想念您。"

泰国东方饭店这样的环境和服务让客户受到了最大的重视和关怀，因此，只要来过这里的客户都流连忘返。

这就是成功的秘诀所在，对客户给以最大的重视，为其提供最体贴的服务，为其创造最舒爽的环境和氛围，从而紧紧地抓住了客户的心。追根究底就是环境的因素，这样的环境给了你不一样的感觉，从而使得行为发生转变。由此可见，通过改变环境就能改变一个人的心理状态。

因此，环境设置也是很有必要的，销售人员也应该多从这方面努力，利用环境的因素给客户造成一种心理上的满足感，促使沟通朝着有利于自己的方向前进。那么，如何来通过环境提升客户的满意度呢？

需要对环境做进一步分析：我们所说的环境包括狭义上的环境和广义上的环境。狭义上的环境是指，适合销售人员与客户进行商谈的一切场所，比如，商场、店铺、办公室、咖啡馆等。广义上的环境包括销售人员在谈判时依靠自身因素营造的一些氛围，比如，态度是否积极热情，说话是否得体，举止是否得当等。

因此改变环境，营造气氛，应该从狭义和广义两方面入手。

（1）大环境影响客户

高质量、合适的价格是影响产品销售的硬件，外在环境则是影响产品销售的软件，一个产品要想受到客户的青睐，必须同时具备软、硬件。

软件指的是我们说的大环境，比如，公司环境的布置、人员合理的安排、会客厅或会议室的装修与布置等等，这些都要使其与公司产品的价值相对应。员工的衣着与言谈举止都要进行有针对性的培训；客户访问时，现场环境与氛围要根据客户的性质进行针对性的临时布置。店铺环境与氛围设计、产品的陈列布置及广告宣传等信息，都能够让客户看到产品背后的实力以及公司的品位与素质，这对客户最终的消费选择会产生很大影响。

（2）小环境感动客户

"感动"敲的是"心门"，而"打动"多靠利益。因此，当客户拒绝与我们合作时，最巧妙的方法不是用利益去"打动"客户，而是用真诚、热情和耐心去"感动"客户。"打动"仅是单一的利益驱动，钱尽情散；而一次"感动"足以让他人回味数载寒暑，并会不断地影响着他周围的人。因此，巧用"感动"的力量，不仅能化解客户的拒绝，更容易成就"连环销售"。

总之，环境和氛围的设置和创造也是销售过程中一个重要的环节，好的环境和氛围会引导整个销售向着有利的方向发展。

小 贴 士

对于销售人员来说，提高客户的心理感受是最不可忽视的，无论何时何地要让客户感到温馨、舒适。这会增加客户的归属感，从而使其放松警惕，说出自己的真实想法和需要，并使彼此真诚以对，利于交易的顺利达成。

6.3　巧用名人，满足客户追求名牌心理

曾有一则笑话：某出版商有一批滞销书卖不出去，他忽然想出了非常妙的主意：给总统送去一本。忙于政务的总统经不起他三番五次地去征求意见，便回

了一句："这本书不错。"出版商利用这句话大做广告，定位为"总统最喜欢的书"，不久，这些书便被抢购一空。一段时间后，这个出版商又有书卖不出去，又给总统送了一本。总统上了一回当，就奚落他说："这本书糟透了。"出版商又开始大做广告，定位为"总统最讨厌的书"。有不少人出于好奇争相购买，书又售尽。第三次，出版商将书送给总统，总统接受了前两次教训，便不作任何答复。出版商再次大做广告："现有令总统难以下结论的书。"居然又被一抢而空，商人大发其财，总统哭笑不得。

这虽然是个笑话，但从中也能悟出一点道理：即名人效应对普通大众的心理影响。心理学上，名人效应是指由于名人的出现而达到引人注意、强化事物、扩大影响的一种心理现象。现如今，这种效应已经成为影响消费者购买心理的一个主要因素。根据联合国工业计划署一个数据：所有品牌里面名牌所占比例不到3%，却占据着50%的销售额。

不到3%的品牌能够占据50%的销售额，这就是品牌所起到的作用。作为销售人员在推销产品时，必须学会利用这种效应在客户心中树立品牌形象，尽管我们所推销的产品不是名牌，但是利用名人制造一种"名牌效应"，也是必须要掌握的一门技巧。

现场签名、现场助演是名人效应用于产品促销最常见的形式。比如，曾经风靡全美的"椰菜娃娃"原售价只售20美元，而原设计者亲手签名的布娃娃售价曾高达300美元。只要产品与某名人挂上钩，消费者就会多起来，品牌也就成了品牌。从这个角度讲，打响产品品牌，顺理成章地也就成了一种促销方式。

名人，公众人物作为大众心目中的偶像，有着一呼百应的作用。在日常生活中也一样，消费领域有个普遍规律，即品牌名气越大，档次越高，越受欢迎。品牌的名气依赖于名人的广告效应。从心理角度讲，这就是名人效应，大到几十万几百万的豪车，小到几百元几千元的衣服，消费者只认牌子。

那么，如何利用名人提高产品的影响力呢？可从以下3个方面入手。

（1）明确哪些名人可用

"名人"泛指在某一领域有突出表现的人，并不仅仅局限于影视明星、篮球巨星等，还包括那些被大众熟知、耳熟能详的，在本行业具有较大影响力的人，甚至包括曾与自己有过良好合作的大客户、知名企业等。

（2）选择利用推广方法

在产品销售中，销售人员要善于把握客户的名人效应心理，利用消费者敬慕名人的心理来促进商品销售。具体方法有以下 4 个，如图 6-1 所示。

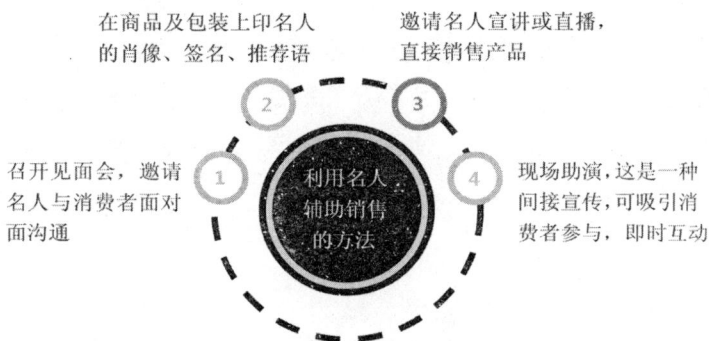

在商品及包装上印名人
的肖像、签名、推荐语

邀请名人宣讲或直播，
直接销售产品

召开见面会，邀请
名人与消费者面对
面沟通

利用名人
辅助销售
的方法

现场助演，这是一种
间接宣传，可吸引消
费者参与，即时互动

图 6-1　利用名人辅助销售法

（3）名人广告策略

广告是树立品牌效应的一种重要途径，而且要重复做，在公共场合重复做，越多越好，消费者看到的、听到的越多，知名度会越强。心理学上有个二因素理论，即一个事物重复出现可强化人们心中的印象。

根据这个理论，你应该让自己的产品广告不断出现在客户眼前，每一次出现，或者每一次重复，在他们心理上都会起到一种强化作用。

但也并不是要永远重复下去，重复对人心理的影响有两个方面，一个是它的正面作用，这是积极学习的效果，叫做积极因素；另一个就是乏味作用，当重复到一定程度的时候，积极因素的效果很快过去，这个效果就会弱化。

心理学研究发现，两者呈一个曲线，这个曲线表明，在重复的初期阶段，正面的效应是随着重复的次数往上升的，超过一定次数限度以后再重复，就会适得其反，而且最后还会产生反面的效果。

这说明品牌知名度、美誉度，不能简单地根据产品本身的特性而定，还要考虑到人的心理，毕竟消费者的购买心理存在差异。比如，产品的卖点与消费者的心理特点出现了差异，就必须调整卖点，而不是一味地去重复原先的策略。

小 贴 士

利用名人效应一定程度上能吸引客户的眼球，但利用这一效应时销售人员在也要把握尺度。无论推介产品的名人影响力有多大，始终都要把传递产品的信息放在首位，使客户记住该产品才是广告的首要目的。

6.4 贴上个性标签，满足客户追求独特性心理

这是一个个性释放的时代，人们的消费观念正在发生巨大的变化。大多数人已经不再局限于产品的质量，而更倾向于产品的个性、品位，以及所带来的精神享受。

拿当前最流行的"苹果"热潮来说，走在大街上到处可见怀揣苹果手机的人。为什么人人都爱买苹果呢，而且还要买最新款的？这不仅仅是质量好、技术新的缘故，如果论质量、技术创新，三星、诺基亚一点也不逊色。关键在于苹果有它的"个性"所在，深深赢得了特定消费者的心。

案例

如果你是一个"苹果"迷，一定会注意到，苹果的第一亮点是清新脱俗的外观。苹果公司十分注重手机的外观，每一代产品都会有所不同，也成为其他品牌纷纷效仿楷模。

苹果另一个有个性的地方是它的营销策略，通过新闻和媒体我们都知道，

苹果很多产品在其推出前后就会出现供不应求的现象。例如iphone5的问世，全球很多国家都出现了抢购现象，像春节回家购火车票似的，排队抢购。其实，这正是苹果的一种营销策略：提前上市，但量很小，目的是给客户一种"物以稀为贵"的感觉。

由上可以看出，正是苹果给自己贴上了一个个个性标签，才使得在全球市场屡次刮起畅销风。作为销售人员也可以从中得到一些启示，转变思路，尽量突出产品的"新""奇""特"等特征。这些特征即是个性，给产品贴上个性标签，去迎合客户的追求新奇的心理。

在突出产品个性的同时，应结合以下2个策略进行销售。

（1）独特化

俗话说，世界上没有完全相同的两片叶子，推销产品也一样，要善于挖掘产品独特的地方，让客户清晰地看到你所推销产品的独特之处。

销售人员推销产品找到产品的独特之处，要将其独特之处展现出来，以此吸引客户的注意力，激发客户的购买欲。产品的优势是诱导客户需求的重要因素，当客户对你的产品不感兴趣时，你就要想办法从产品本身入手，找到产品的优势所在，而且必须是该产品独一无二、竞争对手所不具备的优势。

（2）差异化

在这个产品越来越同质化的时代，人人都去模仿，甚至生搬硬照。相反，换一种思路突出差异，用打破惯常方式进行销售，往往可以收到更好的效果。

比如，在各大百货店的化妆品柜台前，绝大部分导购员都是年轻漂亮的女性，这已经成为化妆品销售的固定模式。然而，一次我陪家人逛百货店，某品牌化妆品柜台前是清一色男性导购员，我们怀着好奇心走了过去。

小 贴 士

产品的个性是针对客户需求而言的，因此，产品在追求新、奇、特时，不能盲目，不能脱离消费者的心理需求。否则，产品即使再有个性，也很难让客户接受。

6.5　重复定律：强化客户的购买意识

再讨厌的人每天在你眼前晃，你也会觉得可以接受；再难听的歌，天天听你也觉得不再那么糟糕。为什么多次重复之后会发生变化呢？其实变的不是人本身，不是歌本身，而是你的心理。所谓的好看、好听，就是在多次重复之后感官上开始变得习惯，进而形成了依赖。

这种现象在心理学上被称为重复效应，重复的力量是巨大的，重复做汉堡，就会成为麦当劳；重复煮咖啡，就会成为星巴克；重复向客户推销，客户就会自动购买。

案例

王颖某化妆品品牌的推销员，她初次拜访客户时准备向其推销某品牌的化妆品，可对方连话没听完就拒绝了，表示没有时间。其实，谁也能听得出这是一种拒绝之词。如果是新推销员可能就此告别了，而王颖是一位非常有经验的老推销员，经常遇到这样的情况，应对起来也自如多了。她想，既然来了，即使无法实现推销，也要想办法争取得到二次推销机会。

当客户表示"很忙，以后有需要我会打电话给你的"时，王颖马上笑着说："不需要没有关系，其实我今天来是想跟您探讨另一个话题。"

客户忙问："什么话题？"

"最近我们公司正在展开一项关于职业白领女性美容问题的调查，您知道现在很多女性白领忙于工作和学习，脸上的美一点点地消失……"

最后，王颖提出，为了协助工作，需要填一张调查问卷。客户张女士是一个三十几岁的女士，本身也十分注重自己的外表，王颖的一席话把她说得心花怒放。当王颖提出这一要求时，竟十分乐意。

王颖离开的时候，一再向张女士承诺，一定会根据她的要求为其打造一套美容护肤的方案。

细心的人会发现，上诉例子中的王颖前后一共三次提到"美容护肤问题"，从语言学角度看她使用的正是一种重复强调的交流方式，即在谈话中多次重复一个内容。由于客户对产品有质疑，王颖就有意识地重复强调这一点，大大缓解了客户的这种感觉。

通过这个例子，我想说的是，有意识地重复讲述产品的某一点，可以最大限度地加深产品在客户心中的影响力。重复是一种非常好的谈话方式，这样做不仅可以表明你在倾听，而且还能表现出你在思考。

重复需要讲究技巧，我们举个例子，电视里最常看到的一个广告词："恒源祥，羊羊羊！"反复说三遍，真是恰到好处。如果在第三遍之后再重复一遍，听者肯定会抓狂。再比如如果把"恒源祥，羊羊羊！"改成"羊羊羊羊！"也不恰当，听起来非常拗口。重复有一个基本的技巧，就是"事不过三"，也就是说无论何事何物都有自身的规则，重复自然会加深影响，但无休止地重复也不见得是好事。

那么，对于销售人员来说，如何恰到好处地进行重复述说呢？最重要的是把握好3个重复的时机，具体如图6-2所示。

重点内容处　　　阶段性谈话开头或结尾　　　话中停顿时
1　　　　　　　2　　　　　　　3

图6-2　重复的时机

（1）重点内容处

重复一定要有侧重点，即抓住对方话语的重点进行简短的回应，即能引起对方的好感。没必要句句重复，也没必要一句重复多次，否则，无异于和尚念经，毫无意义。

比如，当对方陈述完一个问题后，你可以说"让我来确定一下你的意思，你是说……吗？"这种复述很容易让对方感到愉快，如果你复述得完全正确，对方会说："没错，就是这样，你完全了解了。"如果你复述错了，对方会补充道："嗯，是的，还有一点……"这样能使沟通更加深入，使你更好地读懂对方的意思。

（2）阶段性谈话的开头或结尾

在谈话进行到某一阶段前或即将结束时，可要该段话做开头词或总结。比如，对接近尾声谈话做一个总结，利用总结的时机再次重复，这时对方也会尽可能认真去听，并努力去认同你的观点。

（3）话中停顿时

注意在谈话中的时机。比如，客户长时间发表意见，利用停顿的机会可对于重点进行简单重复，以便引起客户的注意；有的人经常重复"是这样……吗？是这样……吗？"重复两次以上说"是啊，是啊"，让对方觉得他在集中注意力倾听。

小　贴　士

重复客户所讲的话并对其进行一番总结，对于销售、谈判是一件非常重要的事情，这表明你此时此刻正在认真地倾听客户所讲的话。这对客户的一种尊重，在很大程度激起对方的表达欲望，可以赢得客户的好感，促使对方对你产生认同。

6.6 积极的心理暗示，给客户施以正能量

"钻石恒久远，一颗永流传。"提到钻石，大多数人首先想到的是值钱、稀有、浪漫。也曾问过身边那些钟情于钻石的女性朋友，"你们为什么那么迷恋钻石"，得到最多的答案也是如此！

为什么钻石如此受欢迎？我认为不是它的价值，如果"物以稀为贵"理论成立的话，有很多珍稀的东西的价值应该远远高于钻石。最重要的是，人们赋予了钻石更多的情感因素。"有爱情必有钻石"正是赋予了钻石浪漫性的特征，才使得大多数男女疯狂地去喜欢它，才使得钻石无形中价值被放大。

那么，是谁赋予钻石浪漫的特性呢？就是营销策划人员，为了体现钻石的价值，所以才将其与爱情紧密地联系在一起。完美地将一块普通石头变成了无坚不摧、奢侈、爱情的浪漫利器，它的成功之处在于对消费者施加了心理暗示，对每个目标消费者进行了洗脑，至少是每个姑娘，让他们产生错觉与幻觉，这就是心理暗示的作用。

每个人都很容易受外界影响，再加上又有趋利避害、追求快感、逃避痛苦的天然属性，所以受到外界施加的影响时，就很容易被其同化。在推销中，同样可以运用心理暗示法，给客户以积极的心理暗示，强化他们对产品的正面认识。

案例

某品牌护肤品推销员在线客户介绍产品时，就采用心理暗示的方法：

她将一名观众请上台，在其左脸搽了该品牌的护肤品，右边则什么也没有。过一段时间后，请在场的观众观察这个人脸两边的变化。

"确实没有什么变化。"场下观众小声议论着。

这时这位推销员继续引导着："大家仔细观察一下，这边的脸是不是比另一边红了？"

"大家不要着急，慢慢观察。"

"这位女士嘴角上翘一点，便于大家观察。"

"是不是更白点？"等。

结果在场观众果然都发现有了显著的变化，叹为奇迹，纷纷购买其护肤品。

静下心来，分析一下，是否真是其护肤品拥有如此神奇的功效呢？不一定，有句俗话叫"仙丹也要吃三次才有效"。何况是用在皮肤外面的护肤品呢！根本不可能在如此短时间内产生明显效果。那为什么场下观众会看出显著的变化呢？关键在于推销员的不断暗示。

上面的例子就是充分运用了一定的心理暗示，用一些积极的语言使观众排除杂念，产生心中理想化的效果。千万不要轻视"暗示"对人心理的作用，它能唤起人的心理期待，达到意想不到的效果。

同时应注意给客户以积极的暗示，目的是让其对产品产生正面认识，规避负面认识，从而强化优点，弱化缺点，而不是以暗示的方式欺骗客户。

很多客户购买时往往习惯将产品一个很小的劣势，或者偶然看到一定瑕疵无限放大，从而对该产品产生了不好的印象，以点带面，以偏概全，将这个"瑕疵"带到所有产品中，以至于每每看到该产品就会联想到这个污点。事实上这些评价都是不客观的，无形中放大了缺点，磨灭了优点。

为什么很多客户只能看到产品缺点，而看不到产品的优点？最重要就是销售人员给对方的负面暗示太多。比如，常说些消极的语言，"反正我们的产品不能与名牌相比，毕竟名气是有限的""总之，我认为我们产品算是最好的了"等等。这些语言都暗含消极的意味，你以为自己说的都是实话，其实会对客户造成很大的负面影响。

消极语言是一种消极暗示，这种话说多了就会令对方产生自卑心理。既然消极的暗示危害如此之大，我们就要强化积极因素，淡化消极因素。任何产品都有自己的闪光点，要让客户看到这些优点，就得设法用积极的语言使它充分显露出来。即使是微小的优点，也要让客户能够看到、摸到、感触得到。

小 贴 士

　　积极的暗示才能产生积极的心理，积极的心理产生积极的心态。销售人员要给予客户更多积极心理暗示，使其对产品有更多的正面认识，从而自觉地产生购买行为。

6.7　提高客户身价，人人都享受贵宾待遇

　　"VIP"，英文"Very Important Person"的缩写，直译为"重要人物""非常重要的人"，在商务活动中为"贵宾""贵客""高级用户"。鉴于市场竞争激烈，很多商家采用了发放卡的方式，赋予客户特殊身份，比如会员、高级会员、贵宾等，就可以享受到一定的优惠。级别不同，身份不同，所享受的优惠也不同。

　　在利益的引诱下，很多客户即使不买东西，也会办一张VIP会员卡备用。这与人的受尊重心理有关。

案例

　　杜小姐经常去一家商务会馆消费，于是，会馆的经理向杜小姐推荐了VIP会员卡的项目。杜小姐考虑了一下，觉得比较划算，就马上办理了一张会员卡。一次，杜小姐请几个朋友在这家会馆吃饭，吃完后杜小姐去前台结账，她出示了自己的会员卡，不仅酒水按七折算，海鲜也打了八折，这让她省了不少钱。而且后来经理还亲自送来一盘水果布丁，说是算自己请客，希望他们下次光临，这让杜小姐觉得自己在客户面前很有面子。

　　当下，为客户办理VIP卡，用打折、积分和优惠等活动来吸引客户重复消费，已经成为一种重要的营销手段。

　　可为什么会有如此多的人选择成为VIP呢？这与客户的心理满足感有关。一次针对某商家会员所做过的调查中，关于"你为什么想成为某商家的VIP"，50%

的人是为了享受到更多的优惠，26%的人是因为商家硬性推销而办理的，38%的人是为了满足虚荣心,怀着"别人有,我不能没有"的心态办理的。这个调查说明，客户之所以选择成为VIP，一方面是的确能带来优惠，另一方面是心理作用使然，VIP已经成为一种身份和地位的象征。

从这个层面反映出，你推销的成功与否，就要看是否能符合客户"想享受更好待遇"的这种心理。正所谓客户就是"上帝"，作为"上帝"当然希望得到更多的实惠，得到更多的心理满足感。这说明，在实际推销中，销售人员应该抓住客户的这些心理，力争让他们成为自己的VIP。但是，如何才能让客户心甘情愿地接受自己呢？

（1）平时注意积累

VIP是针对有巨大消费潜力的客户而设置的，并不是每个人都适合成为自己的VIP。这就需要销售人员平时注意积累，深入了解对方的消费习惯、能力等等，辨清楚哪些是目标客户哪些是潜在客户，然后根据这些信息进行分析。对目标客户进行有针对性的推介，对潜在客户进行归档分类，建立起自己的客户信息库备用。一般来讲，可将潜在客户分为5个档次，具体如表6-1所示。

表6-1 潜在客户的分类与对策

客户级别	与客户之间关系	对策
A	长期合作关系的老客户	VIP客户
B	首次购买的新客户	重点关注
C	具有购买意向但未成交的潜在客户	跟踪关注
D	具有购买意向，对产品仍有异议的潜在客户	普通关注
E	没有购买意向	放弃

（2）动态管理、抓住重点

对客户进行分类，建立客户档案，目的在于对客户进行分级管理，哪些是重点客户，哪些是潜在客户，哪些是不需要关注的客户，必须做到心中有数。所以，建立好的客户档案不能束之高阁，要对其进行更详细的分析，提高利用率。

出于客户的情况总是会不断发生变化的，所以，档案必须随时做相应的调整，剔除陈旧的或已经变化的资料，补充新的内容，并对新的变化进行跟踪调查，对客户档案进行动态管理。从众多的客户中找出目标客户，目标客户不仅包括现有客户，而且要包括潜在客户。这样可以为开拓、发展新市场创造良机。

小 贴 士

给客户贵宾级待遇，目的是满足客户心理上的感受，让客户有一种心理优越感。但是，在具体的言行举止上不应该有歧视，要一视同仁，这是作为销售人员最起码的素养。

6.8 降价不降值，满足客户物美价廉心理

贪图便宜是人们消费时最常见的一种心理倾向，在日常生活中，我们经常会遇到这样的事例：超市打折，商场促销，只要有这样的消息，人们总会争先恐后地去购买，都是为了买到物美价廉的东西。

针对消费者普遍存在的这种心理，请不要坚持"便宜没好货，好货不便宜"的论调，否则会增加客户的逆反心理。如果你了解客户，不如多掌握一些讨价还价的技巧，以利用客户的这种心理。

物美价廉永远是大多数客户追求的目标，很少听见有人说"我就是喜欢多花钱买东西"。每个人都希望花最少的钱买最好的产品。从心理学上看，"占便宜"也是在追求一种心理满足，每当客户用比以往便宜的价钱买到同样的产品时，会因此而感到满足、开心、愉快。那么，在实际推销中，该如何满足客户的这种心理呢？可采用如图6-3所示的方法。

利用价格差来吸引客户

优势互补，做好优劣势之间的巧妙转换

学会"模糊"报价

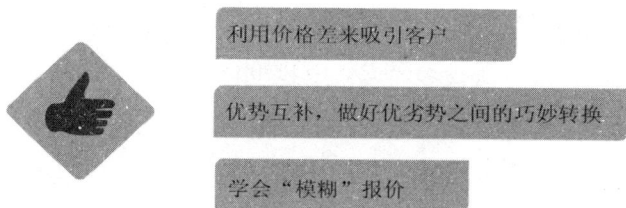

图 6-3　满足客户心理的方法

（1）利用价格差来吸引客户

在购买时，大多数客户只关注你给出的价格是多少，然后再与你的竞争对手做比较，与同类产品做比较，如果你没有让客户觉得得到优惠，客户可能就会离你而去，如果你让他感到优惠了，则成交的概率就会增大。

"不比不知道，一比吓一跳"、"不怕不识货，就怕货比货"、"货比三家"，有比较才会有鉴别，有鉴别才会买到更好的产品，每个客户都懂得这个道理。在销售中，对于销售人员来讲，对比法也是一种促销方法，那么如何将两种产品进行比较才能更有效呢？这就需要掌握一定的技巧，根据客户的需求点选择合适的比较对象，如高、低档产品进行比较，新、老产品进行比较，不同品牌产品进行比较等。

（2）优势互补，做好优劣势之间的巧妙转换

很多消费者购买产品追求的就是一个心理平衡，而优惠无疑是有效的方法之一，销售人员不妨多使用些类似的政策，比如，优惠、打折、赠送等。

比如客户说："你的产品质量不好。"你可以这样告诉客户："产品确实有点小问题，所以我们才优惠处理。不过虽然是有问题，但我们可以确保产品不会影响使用效果，而且以这个价格买这种产品很实惠。"这样一来，你的保证和产品的价格优势就会促使客户产生购买欲望。这相当于用产品的优点来弥补缺点，客户就会觉得心理平衡，同时加快购买速度。

但是，优惠只是一种手段，说到底是用一些小利益换来大客户，最后你还是有赚头的，不然商场里也不可能经常有"买就送""大酬宾"等活动。当然，在

优惠的同时，你还要传达给客户一种信息："优惠并不是天天有，你很走运。"这样，客户的心理才会更满足，他们才会更愿意与你合作。

（3）学会"模糊"报价

有的客户在购买产品时连产品都没有完全搞清楚，就直接砍价，而且不断地砍价。对于这样的客户，销售人员一定不能太明确地给告诉他们价格，而应采用模糊报价法，询问详情，然后根据所掌握的情况有针对性地应对。

比如，当客户问价格的时候，可以这样回答："我们产品包括 4 大系列，20 多个品种，价格从 500 元至 5000 元不等，请问需要什么款式，什么规格的呢？"这样说，一定程度上可以减缓客户无休止的砍价。

小 贴 士

在不了解客户是否真正有购买意愿的情况下，销售人员可以模糊性报价。模糊性报价既可以巧妙地回答客户的问题，又可以为接下来的继续沟通留有一定余地。

6.9 找到利益共同点，达成行为一致性

心理学上有个"一致性规律"，讲的是当人在始终坚信自己的意见或观点时，他人以反对的形式去改变通常是很难的。即使对方有确凿的证据，也很难令其改变。在推销中，很多销售人员就喜欢与客户唱反调，这恰恰违反了一致性规律，要得到客户的认同和信任，就必须与客户保持一致。

只有强化双方利益的一致性，才能尽快实现目的。对于一名销售人员来讲，在推销过程中，必须找到双方的"共同利益点"。

案例

李建厅是做建材生意的推销员。一次，他拜访代理商李某，双方在谈判过程中发生了争执。对方提出了很多不合理的要求，好在李建厅巧妙地化解了。

客户："这批材料10万元？"

李建厅："这都是进口材料，而且公司有规定按原价出售。"

客户："这些我都知道，做这么多年的建材生意了，以我的经验，无论什么材料，价格上完全有优惠的余地。"

李建厅："王先生，你说的对，但我们对每个客户都是这个价格，如果您开这个先例，以后的生意我们怎么做？"

客户："别跟我来这套，你就给一个价吧。"

李建厅："这批材料是与以往的不同。而且……"话还没说完，客户就表现得有点气愤："这个事情我比你懂，不用说了，让你们的负责人来，我要当面和他谈谈。"

李建厅："先生，您在这个行业也这么多年了，市场行情您应该懂。这不是我们自己说了算，如果您实在接受不了这个价格，我可以给您推荐另一款。"说着，就出示了另一批材料的样本。

客户连看都没看，就挥挥手说："这款木材不是某某地出产的吗？这谁都知道，两者当然不能相提并论了。"说完，便跷起二郎腿，喝起了茶。

"对，王总，我就说您是最识货的。我们做生意都讲究一个双赢，您在赚钱的时候应该兼顾一下我们的利益。这样吧，我向总公司申报一下，力争为您降低1个百分点，怎么样？"

李建厅说完，两眼热切地盯着客户，等待着客户的答复。

"好吧，一言为定。"

就这样，第二天以降低1个百分点为条件，双方达成合作协议。

李建厅见客户的确有诚意，在说明产品的优势所在后，就主动降价，从而占据了谈判的主动权。客户在看货后，也认为产品物有所值，欣然接受新价格。

销售都在追求双赢，但不是任何问题都能达到双赢。通常情况下，谈判陷入僵局是因为谈判者采取立场式的谈判方法。这时必须有一方作出一定的让步才能达成协议，但这样做只能使谈判变为一场意志力的较量，看谁最固执或者谁慷慨。而且，谈判陷入一场持久的僵局中，也不利于双方以后的进一步合作。

这时候，我们就需要转变立场，转而去寻找共同利益点，因为我们许多人在感情用事时，往往忽略了在双方对立的立场背后，既存在利益的冲突，也存在共同的或可以彼此兼容的利益。当然，让步的谈判并不等于失败的谈判。在谈判中最忌讳的是随意作出不当的让步。有经验的谈判者会用自己不重要的条件去交换对方无所谓但自己却很在意的一些条件。这样的谈判才能是一个双赢的谈判。

只有彼此找到共同的利益，才能互相信任，真诚合作。那么，在推销中，如何寻找双方的共同点呢？销售人员可以从以下4点做起，如图6-4所示。

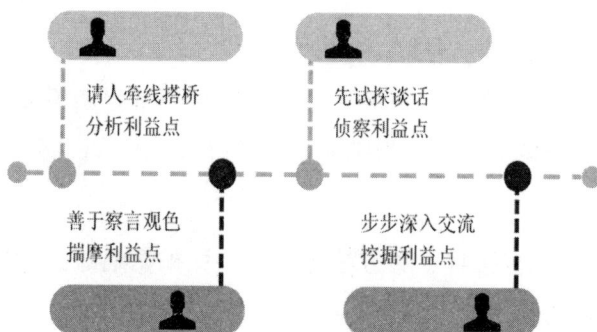

图 6-4 寻找双方共同点的步骤

（1）请人牵线搭桥，分析利益点

为了发现陌生客户的利益点，可以先去拜访一个与这个客户相关的人，这对于你了解这个客户是非常有益的。作为对于二者都很熟悉的中间人，一般会马上出面为你做引荐。通常，只要有人介绍，那么了解陌生客户的个性特点、爱好等信息就不是很难了，细心的推销员还会从中了解到客户的利益点。

（2）先试探谈话，侦察利益点

与陌生客户会面，要实现良好的沟通，开口讲话是必要的。那么，一开始谈论什么？最重要的就是以话试探。可以以打招呼开场，可以以介绍产品开场，也可以找机会闲聊，但是有一点必须谨记，就是在谈话过程中要不断揣摩客户的利益点在哪，同时要分析、揣摩对方的话，从对方的话语中发现利益点。这种交谈看上去是很偶然，很随意的，实际上却是有意识的。只有通过"火力侦察"，发现利益点，接下来的交谈才能顺利进行下去。

（3）善于察言观色，揣摩利益点

心理学家认为，一个人的心理状态会体现在自己的表情、谈吐、举止等方面，甚至与日常的生活习惯、穿衣打扮有不可分割的联系。所以，在与客户打交道时，完全可以通过察言观色去发现客户的利益点。只要善于观察，就会抓住客户的心理，找到自己与对方的共同点。

（4）步步深入交流，挖掘利益点

发现利益点是不太难的，但这只是谈话的初级阶段所需要的。随着交谈内容的深入，共同点会越来越多。为了使交谈更有益于对方，必须一步步地挖掘深层次的利益点。

寻找自己与客户的利益点的方法还很多，比如，通过共同的生活环境，共同的思路方向，共同的生活习惯等。总之，只要多看、多听、多思考，就会在最短的时间内赢得客户的好感，与对方交上朋友，实现共赢。

小 贴 士

销售人员介绍产品时，首先要明确客户的利益点在哪里，然后进行有针对性的推销。只有看准了客户的利益所在，才能体现出产品的价值所在。才能用产品的价值打动客户的购买之心，毕竟客户最看重的还是产品所带来的利益。

6.10 做好每一个细节，避免蝴蝶效应

亚马孙河流域的热带雨林中，生存着这样一群蝴蝶，它们扇动几下翅膀就足以引起一场龙卷风，后来这种现象又被称为"蝴蝶效应"。经研究发现，其中的秘密在于蝴蝶扇动翅膀导致身边的大气系统发生变化，产生微弱的气流，而微弱的气流又会引起四周空气发生相应的变化，由此引起连锁反应，最终导致龙卷风。

蝴蝶轻轻扇动几下翅膀这样微小的动作就带来了整个大气系统的连锁反应，这个小小的现象说明，世间没小事，任何一个细节对整体的影响都是非常大的。细节决定成败，无论做什么事情，我们都不能忽视细节问题。

销售是一项复杂的系统性工作，其中包含着许许多多个细节。若不重视，再小的细节也会造成不可估量的影响。小细节往往会将问题扩大化，每个销售人员必须从细节做起。

案例

邢鹏是一位房地产推销员，他正在为无法为客户提供更好的房子而犯愁。一天，他再次去拜访客户，刚到对方家，就看到对方正在网上浏览一组房子的图片。他留了个心眼，将该房子的户型、朝向等细节一一记在了心中。此刻，他也瞬间明白了对方喜欢的是什么类型的房子。

此时，他意识到自己精心准备的几套房源恐怕又要泡汤了，原本还想趁此次拜访机会推荐推荐自己新获得的几套房源，看到这一幕临时改了主意。这时，客户已经注意到站在面前的刑鹏，"你好，请坐吧。"

邢鹏故意问道："张先生，关于上次那套房子……"

话还没说完，就被对方打断了："我暂时不考虑买了。"这更加证实了邢鹏的想法。

邢鹏："张先生，我这有一份已经购买户型资料，您先看一下。"

"行，你先把资料留在这里，我等会看看。"说这话的同时，还在盯着那几款房子的图片看，似乎特别感兴趣。见状，邢鹏试探性地问："这是莲花苑的房子吧，听说那边新开发了不少新小区。"

"的确是，那边交通方便，户型设计很合理，但是价位偏高，你认为呢？"

邢鹏看到了这个细节后，就识别出客户其实在乎的是户型，而不是价格。于是，对他说："价格永远是随着行情走的，不过那边新设计的户型确实很好。"显然，客户已经对那里产生了极大的兴趣，于是刑鹏趁热打铁开始展开推销，并拿出纸笔记录下来，绘制了一张清晰的户型图，与客户提出的意见进行对比，及时修改。

一周之后，邢鹏向客户提供了一套该小区的房子，很快就达成了购买协议。

邢鹏成功的原因在于，他在整个推销过程中始终抓住每一个细节，从而把握了客户真实的心理意图。比如，进门后就观察客户浏览的照片，聊天中又及时注意到客户的目光，在成交阶段发现客户提出的异议都与户型有关系。根据这几个细节，马上确定对方所需要的户型，从而进行有针对性的推荐。

做销售工作，其实就是在做好一些细节，包括销售人员的言行举止，行为和理念，甚至穿衣打扮。要做好销售，实际上就是要做好细节工作，我们甚至可以这样讲，没有细节就没有销售，细节是什么？细节就是小事，把一件件小事做好，销售自然水到渠成。

某饭店服务员不小心将果汁洒在了一位正在就餐的客户身上，回来之后，这位客户就向他们的家人、邻里、亲戚、好友甚至一切熟悉的人抱怨，这家饭店的服务态度有问题。久而久之，竟成了饭菜不好吃，价格不合理等，结果，饭店失去了很多潜在客户。

一名优秀的销售人员，在与客户交谈时不会忽视任何一个细节，并且善于从这些细节中推断对方的心理。那么，具体应该抓住那些细节？销售过程中的细节如图6-5所示。

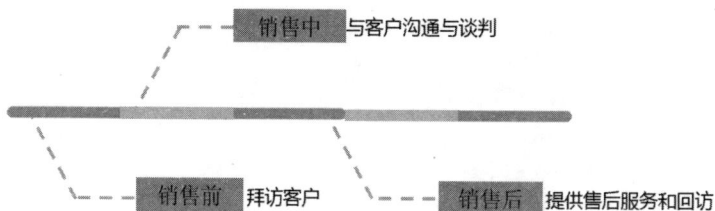

图 6-5　销售流程中的细节重点

（1）销售前的细节问题

拜访客户前，销售人员必须有足够的准备，准备好应对客户的每一个细节。比如，服装是否整洁，领带、皮鞋是否得体，见面后该如何说第一句话等，都必须想清楚。

（2）销售中的细节问题

在与客户交谈的过程中，细节问题是最关键、最多的。比如，用什么样的方式，用什么样的语气，以及什么时间来提问，在提问的时候，如何问才会让客户感到更有礼貌、更有诚意等。

（3）销售后的细节问题

当客户对你的产品取得进一步的认可之后，说明客户已经对产品有了一定的兴趣，甚至产生了购买意向。但是他们不会直接相告，此时就需要销售人员善于察言观色，特别关注一些细节问题，从客户的言行举止中捕捉购买信号。

当客户询问产品的保养、使用方法等，关注产品的价格、有什么优势，或者提出其他异议时，很可能就是在向销售人员发出购买信号。

小贴士

任何一个细节都可能影响到推销的进程，甚至最终的成败，作为销售人员，在与客户交流时必须意识到抓住细节的重要性，并善于观察细节，利用细节。

第7章

周旋术，化解敌意消疑虑

销售中，双方为了自身利益最大化，必然展开一场心理上的博弈，你来我往，暗中较量。在这场博弈中，谁能看透对方的心理、破解对方心理防线，谁就能笑到最后，取得最终胜利。

7.1　逐步澄清事实，消除客户偏见

"你们公司都是骗人的，我再也不会相信你们了。""别提了，你们公司产品的质量一点也不好。"在推销中，几乎所有的销售人员都遇到过这样的拒绝，客户对产品以及推销者本人存有偏见。而且这种偏见根深蒂固，在短期内难以消除。遇到这种情况，大多数销售人员常常会表现出两种态度：一种是置之不理，回头就走；另一种是以牙还牙，与客户激烈争辩。这两种方法都是不可取的，结果只能徒增客户的逆反情绪。

心理学研究表明，只有事实才能打消人们心中的质疑。消除客户偏见的正确做法是，逐步去澄清事实，让客户认清真相。

我们知道，惠普、IBM 都是当今电子产品市场上的知名品牌，却很少人知道他们之间的竞争曾异常激烈，甚至连一线销售员也参与其中。

☆
案例

约翰·柯威尔是惠普公司一名的推销员，曾在与IBM大客户之争中做出特别大的贡献。惠普刚起步时，IBM已经是相当成熟的品牌，占据着绝大部分市场份额。而惠普刚刚起步，大部分消费者对其还不够了解，有时还有很大的偏见。

我们来看看约翰是如何应对的：

史密斯："听说你们这个是新品牌，我们与IBM有很好的长期合作，除了IBM我不会轻易接受任何新产品，不要在这里浪费时间了。"

约翰·柯威尔："史密斯先生，您说得对，IBM的确是目前最好的品牌之一。您作为它的老主顾，能否给我讲讲它们的哪些最令您满意呢？"

史密斯听到此，便饶有兴趣地说："这实在太多了，首先它质量一流，信誉良好，这些优势是其他产品所无法比拟的，这也是我与其合作多年的心得。"

约翰·柯威尔："如果让您提一些意见，您认为还需要改进哪些方面呢？"

史密斯："价格比较昂贵，仅仅这一项，如果有朝一日能有所改善，对于像我这样需求量较大的代理商来讲就能节省一笔不小的开销。当然，在一些细节上还做得不够好，比如操作不够方便。"

听了史密斯的话，约翰·柯威尔觉得胸有成竹："先生，如果我能满足您这两点要求，是否可以考虑进一步合作？"

史密斯："你是说，惠普的产品在这两方面更好？"

约翰·柯威尔："是的，我们的产品在保持了高质量的同时，在很多细节方面做了改进，比如像您提到的操作问题；至于价格，我们会根据您的需求做调整。"

说到这里，约翰注意到史密斯陷入了沉思之中，片刻后，便做出决定进行合作："我们可以签订供销协议，但是我只能先尝试着订购少量的货，效果好的话我们再做决定。"

约翰·柯威尔："好的，就按您说的办。"

就这样，双方签订供销合同，这也是约翰·柯威尔第一笔合同订单。

我们来分析一下，上述事例中的约翰是如何巧妙地打消客户对产品的质疑的。如果你是一个细心的人就会发现，约翰在与客户对话中运用了很多技巧，先是通过提问获得客户的认可，然后通过对比找出竞争对手产品的劣势所在，最后以此为突破口，突出自身产品的优势。整个对话从头到尾由浅而深，循序渐进，逐步澄清了事实，让客户对产品有了新的认识。

这说明，推销能否成功，很多时候并不在于产品本身，关键在于推销员如何述说。毕竟，客户对产品的这种"偏见"是缺乏事实依据的，或者对产品不够了解，或者道听途说。或者曾经有过失败购买的经历。作为销售人员，在面临客户的质疑时，要对产品负责，敢于去面对，敢于去接受客户的质疑，在此基础上搞清楚并逐步地去澄清事实，改变客户的想法。

解除客户对产品固有的偏见和错误认识，首先必须搞清楚3个问题，如图7-1所示。

客户说的是否是事实？

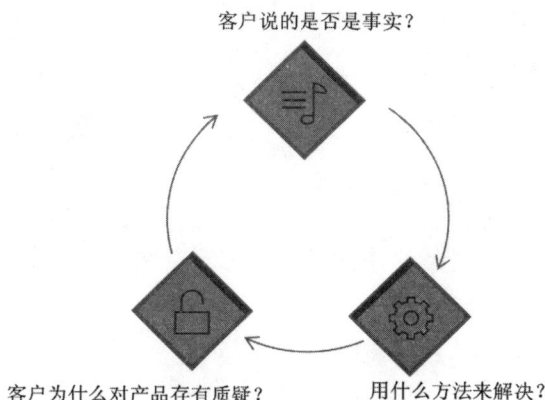

图 7-1　解除客户偏见的前提

客户为什么对产品存有质疑？　　　　　用什么方法来解决？

（1）客户为什么对产品存有质疑

客户对产品有偏见一定是有原因的，不能盲目埋怨客户，作为销售人员唯一可做的就是耐心倾听，及时了解客户为什么产生怀疑，发现客户存在的破绽，从而有针对性地寻找解决之道。

（2）客户说的是否是事实

对于客户的质疑，既不能盲目反驳，也不能大包大揽，主动承担责任，把所有的问题自己扛下来。而是要根据实际情况，认真分析，拿出证据，辨别真伪。

如果客户说的不是事实，就要拿出充足的证据来证明。证据是最好的说服工具，对于那些对产品存有质疑的客户，可以多向其展示相关的证据，比如，详细资料、权威认证及其他证据等，以消除误解。

如果客户说的是事实，我们就要向对方解释清楚，并进一步采取补救措施。

（3）用什么方法来解决

这一部分是最关键的，只有最终使问题得以解决，才能消除客户的偏见，满足客户的需求。最关键的是用什么方法来解决遇到的问题，这需要销售人员根据现场的情况灵活掌握，就像例子中的约翰·柯威尔，提问法、对比法、设置悬念法综合运用，最终说服了客户。在这个问题上，需要销售人员多掌握一些口才方面的技巧以及解决实际问题的能力。

客户对产品存有异议，很大程度上取决于对方对产品的认可程度。只要取得对方的认可，偏见自然烟消云散。

小　贴　士

　　产品的质量、性能这些问题都是客观存在的，完全在能力解决范畴之内。若销售人员的态度出现问题，那客户心中的偏见则无法被有效地引导，从而大大影响产品的销量。

7.2　启动信任按钮，首先让客户相信自己

　　信任是人与人交流的基础和前提，要想获得客户的接纳和认可，就必须让他们信任你。只有当客户信任你的时候，才会去购买你的东西。

　　所有的销售都是逐步获得客户信任的一个过程，一旦取得对方信任，推销起来就会容易得多。优秀的销售人员往往会花大量的时间去与客户深入沟通，搞好关系，以此来建立信任感。

　　据调查，一名优秀的销售人员要花 40% 以上的时间去建立信任，而在产品介绍和推广上却只花一点点时间。这样的销售思路无疑是将重点从产品转移到了客户身上，先赢得了客户的信任，再销售产品。

案例

　　一个炎热的午后，一位穿着破烂T恤，满身汗臭味的老农夫推开某汽车销售中心的门走了进去。他一进门，推销员胡玫就笑容可掬地走了过来，客气地问："大爷，我能为您做些什么？"

　　老农夫羞怯地打量了胡玫：站在面前的是一位年轻的小姐，白衬衫、黑裙子，黑皮鞋，脖子上系着蝴蝶结。老农夫腼腆地说："不用了，因为外面太热

了，我才想进来吹吹空调，凉快一会儿就走。"

胡玫听完后，亲切地说："是啊，外面太热了，天气预报说有35℃呢！您一定热坏了，我帮您倒杯水吧！"老农夫还没来得及推辞，胡玫就转身向饮水机走去。

倒完水后，胡玫把老农夫引到沙发上去坐，老农夫感动地说："我是种地人，衣服不太干净，会把你的沙发弄脏的。"

胡玫笑着说："没有关系，沙发就是给客人坐的，否则，买来就没有价值了。"喝完水后，老农夫闲着没事在展厅里逛，胡玫也陪着他逛，还说："大爷，这款车的马力很足，要不要我帮您介绍一下？"

"不要！不要！"老农夫忙着说，"不要耽误你的时间，我可没钱买车。"

"不买没关系，多了解些也不是坏事啊，万一身边有需要的人，您也可以介绍介绍！"就这样，胡玫认真地、详细地把货车介绍给老农夫听。

胡玫介绍完后，老农夫突然从口袋里掏出一张纸，交给胡玫，说："这些是我要的车，帮我处理一下。"

胡玫诧异地接过那张纸，发现老农夫要订7台货车，惊喜地说："大爷，您真的要订这么多车啊？我马上安排您看车。"

老农夫略带歉意地说："姑娘，不要介意，我是一个地道的农民，在车辆方面一窍不通，最担心就是以后坏了怎么办。于是我就用这个办法来试探。我走了好几家公司，前几家对我很冷落，只有在你这得到了热情的接待，还那么认真地介绍。对于一个根本不想购买的客户尚能如此，更何况成为你们真正的客户，我信任你。"

要想让客户信任你，信任产品，对产品有信心，作为销售人员就必须先自信起来，无论是在神态上，还是在说话、做事上，都必须体现出自信，用自信去感染对方。

自信在每个人走向成功的道路上都起着非常重要的作用，福斯特说过"自信的人，已经成功了一半。"你的自信总会体现在自己的精神状态和言行举止上，在与客户交流的过程中，如果能做到这一点，相信客户也会被你感染。

　　例子中的这位推销员，凭借着留给客户的良好印象，将产品轻松地推销出去。这虽然有些运气成分，不一定每个人都能遇到如此爽快的客户，但至少说明了一个道理，优秀的销售人员都是先销售自己，再销售产品。在客户未接受你之前，你与他们谈论产品、销售，他们本能的反应就是推诿、拒绝，让你及早离开。

　　在你能成功地把产品销售给客户之前，你必须把自己先销售给别人；而要能成功地把自己销售给别人，必须先赢得客户的信任，这样还怕销售业绩上不去吗？

　　我仔细观察过，发现普通的销售人员花10％的时间建立跟客户的信任度，花20％的时间寻找发现客户的需求点，花30％的时间有重点地说明、介绍产品，最后花40％的时间去促成产品的交易。与普通销售员不同的是，优秀的销售人员要花40％的时间与客户建立信任度，花30％的时间寻找发现客户的需求点，花20％的时间有重点地说明我们的产品，最后只花10％的时间去促成产品的交易。

　　客户不可能与他不信任的人做交易，销售技巧、广告、宣传、售后服务，这些都是赢得客户信赖的一种途径，但所有这些都源于销售员内心的积极态度。

小　贴　士

　　销售的根本在于销售自己，只有先把自己推销出去了，才能取得客户的信任。取得了客户的信任，你就成功了一半。

7.3　避免冲突，客户越激动你越要冷静

　　与客户产生分歧在所难免，但绝对不能发生正面冲突。美国著名保险公司就为员工立下一项规则："真正的推销精神不是争论，而是据理力争。"客户不会

因为你的争论改变自己的想法。反而惹怒了客户，不但不会再购买产品，而且还会影响到自己的声誉。

因此，销售人员在与客户产生分歧，要始终秉承"客户总是对"的原则，避免直接发生冲突，对方越激动，你越要冷静。

案例

王韬是餐具推销员，他刚刚与客户王经理签了订单。就接到了对方要求退货的电话，而且满腔怒气，言辞激烈。王韬听得一头雾水，还没搞清楚怎么回事，对方就挂掉了电话。

他带着不解重新回到客户办公室，想与客户争辩一番，就在叩门的那一刻，他抑制住了内心的愤怒。心想，如果争辩必将会激化矛盾，使局面变得更为复杂，不如先了解了解情况。

想到这，他放松心情，面带笑容地走进去。客户一见他就从椅子上跳了起来，一个箭步冲到他面前，恶狠狠地数落了一顿。

原来，客户在卸货时发现其中掺杂着几个次品，这些明显是不合格的。看到这种情况一下子怒火蹿起，才发生了刚才电话里的一幕。

王韬听完客户的话，平静地看着对方，慢慢地在他旁边坐下。王韬不愠不火的态度令客户平静了许多，他停止了指责，点起了一支烟。用稍显平和的语气说："你看怎么办？"

王韬平静地说："您花了钱，当然应该买到满意的东西，我愿意按照您的意愿去办。"

客户接着说："那好，这批货全部退掉。"

王韬说："对于今天这件事，我暂时还不清楚是怎么回事，能否给我一天的时间调查清楚再给您答复。"

客户见王韬言之有理，怒气也渐渐消了很多，而且似乎意识到自己有些失态。便说："好吧，那暂时就不取消订单了，不过您尽快查明原因，希望别再出任何差错！"

王韬只用了几句话，就平息了客户的怨气。

推销时最大的忌讳就是与客户发生争论，因为一旦争吵起来，无论输赢，对我们都是不利的。若输了，就彻底失去了机会，若赢了，伤了和气还是输了，对方自然不会再与你合作，最好的态度是沉着冷静，学会控制。

销售员的原则是，尽量不要与客户发生正面冲突，针对客户提出的异议，或需要解决的问题，可以按照以下3个步骤去处理，如图7-2所示。

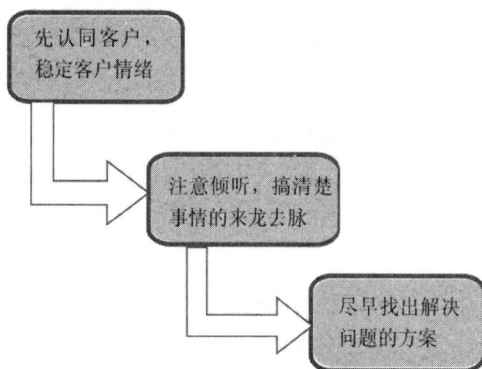

图 7-2 化解冲突的步骤

（1）先认同客户，稳定客户情绪

"客户永远是对的"，这是处理好客户冲突的最佳理念。权威人士指出"98%以上的客户都确信自己的批评是正确的"。因此，争论谁对谁错毫无意义，其结果只会激化矛盾，让不满意的客户更加不满。此时，最重要的是稳定客户情绪，防止这种不满蔓延开来。

（2）注意倾听，搞清楚事情的来龙去脉

冲突往往是由异议引发的，当冲突发生后为防止扩大化，唯一要做的就是积极倾听事实，搞清楚事情的真相。或许是销售员没有介绍清楚，或许产品无法达到客户要求，活血是客户的误解。无论哪一种原因，一旦客户提出了问题，就要本着解决问题的态度去做。

认真倾听，给以耐心的解释，而后提出解决之道。

（3）尽早找出解决方案

搞清楚事件的原委之后，必须在第一时间做出决策，找出解决方案。否则时间越长，对客户的伤害越大。美国瑞兹 KTV 曾获"服务企业质量管理奖"，其总裁创造了一个处理客户投诉问题的"1-10-100"服务法则，意思是客户提出问题能够当场解决的，企业只需 1 美元的代价，到第二天是 10 美元，第三天就上升到 100 美元。

这也给了我们一个启示，即客户提出的问题，最好在三天之内解决。时间拖得越长，付出的成本就越来越大。

小 贴 士

当客户提出反对意见时，千万不要与对方争论不休，因为争辩永远不会有好处。如果对方的确有错在先，要以委婉的态度、温和的语气暗示对方，或者帮助他们分析，晓之以理、动之以情，使客户心服口服。

7.4 坦承不足，嫌货才是买货人

商户正在卖鸡，一位客户走过来问："多少钱一斤？"

商户回答道："15元一斤。"

客户蹲下来，一会捏捏鸡腿，一会又捏捏鸡身，摇摇头说，"这鸡太瘦了"转头就走。这时，商户快步追上，赔着笑脸："老板，鸡虽然不肥，但这都是自家养的，一天到晚散养着，营养着呢！"

对方重新蹲下，点点头，紧接着又嫌了一句，"鸡不大啊。"

商户马上应道："俗语说得好，'斤鸡两鳖'，吃鳖要一斤以内的，吃鸡要一斤出头的，肉质最为鲜嫩。这样吧，我看你挺有诚意，一斤便宜一块钱怎么样？"

客户笑着买走了一只鸡。

看到这个例子，很多人肯定会心想，客户不是嫌鸡不好吗？为什么反倒买了一只呢？其实这就是我们常说的，"嫌货才是买货人"，如果对方没有诚意买，何必那么多嫌弃呢？

无论客户提出什么异议，正是对产品有需求的表现。试想一下，我们是否也有这样的心理，去商场买衣服，心理价位定在 500 元左右，看到 10000 元衣服你会过去跟老板讨价还价吗？肯定不会，因为你根本不会去买。其实，大部分消费者在购买产品时都有这样的心理，如果根本不喜欢，不管你推销的是什么，一概不会理会。只有那些挑来挑去，左挑毛病右砍价的人才感兴趣。

案例

刘洋经营着一家土特产店，都是好货，但效益并不是特别好，来购买的人寥寥无几。

他的一个朋友很有经营头脑，就支了一招：故意卖破绽。即将一批完好无损的货进行一番挤压后放在门前，打出低价处理的招牌。

一会工夫就有很多客户光顾，并逐渐排起了长长的队。他们都在不停地看着，翻腾着，比较着，最终大部分都会买，很快货架上就空了。

刘洋很纳闷，为什么放着好货不买，非要买这些"瘪壳货"？

朋友开玩笑地说："卖货就是要卖'破绽'！"

这一招果然比直接打折奏效，带动了全场的销售。此后，刘洋又到仓库调出一批货来，故意弄成被"挤压"过的瘪壳货。同时，取消全场九折的优惠，而将"瘪壳货"比正常货优惠15元左右。经过这么调整，销量大涨，每天都出现供不应求的局面，为此，他甚至派人紧密跟踪，随时保证"瘪壳货"的供应。

对推销员来说，自然希望客户很痛快地购买自己的产品。但是，这基本上是不太可能的，即使客户真的对你所推销的产品感兴趣，他也不会很痛快地付钱，而是会对产品挑三拣四、指手画脚。

事实上，直接拒绝，或者连看都不看的绝不是真心想买的人，而那些看得仔细又挑毛病的才是真正感兴趣的人，所以，不要以为客户挑毛病就是在找借口拒绝。其实，这个过程正是他们在坚定自己的购买信心。而聪明的推销员只要对自己的产品保持足够的信心便可。

因此，妙用"破绽"打破僵局不失为一种高招。一名优秀的销售人员，如果能恰当地表现出一些小缺陷，往往会更加受人欢迎，这就是故意卖破绽所产生的奇效。但是故意卖破绽是讲究艺术的，尤其是以下几点，我们特别需要注意。

①看准客户的性格特征。客户的脾气不同，对待的办法也不尽相同，在略带紧张却不是过于强势的人面前，可以运用故意犯错法。如果客户是非常强势、苛刻的人，表现出咄咄逼人的气势，那你就要慎用这种技巧了。因为一旦对方发现我们故意犯错，那么客户会更加轻视我们。

②有选择地卖破绽。故意犯错是为了缓解紧张气氛，在无伤大雅的事情上可以犯错，但关键问题上则不能犯错。比如，卖汽车的销售人员不能将汽车信息报错，不能表现得对产品不了解。否则，乱犯错误难免会"偷鸡不成蚀把米"。

③在犯错后巧妙恭维对方，巩固已经取得的效果。没有人不喜欢听好话，听好话是我们的共同心理，所以，当你犯错后，要及时为对方的纠错表示感谢和赞美。这样不仅能巩固已经拉近的距离，还会给客户留下好感，这也是一种懂礼貌的表现。

小 贴 士

"嫌货才是买货人"，意思是说，对产品异议越多的人才是最有购买意愿的人。这提醒我们，在必要时不妨故意卖点破绽给客户，满足他们的挑错心理，从而促进客户认真思考，获得与客户更多的交流机会。

7.5 需求要一点点地满足，否则会事与愿违

物德·莱维特说："人们买的不是东西，而是他们的期望。"人的期望是无限的，永远不会得到满足。如果你一味地满足，反而会刺激对方更大、更多的需求。客户在购买时这种心理也是十分明显的，往往会有很高的期望值，一旦得不到满足就会有失落感。

当客户提出要求时，销售人员应该尽最大的可能去满足，但是必须坚持一定的原则，有一个循序渐进的过程。

销售人员在满足客户需求上一定要有所保留，既要保证能吸引客户的注意力，又不能完全暴露出来，给客户留下意犹未尽的感觉。只有这样，才能持续激发客户的购买欲望。

☆ 案例

小静是一家美容美发中心的推销员，一天，一位中年女士走进店里。客户进店后，小静非常热情地过来："小姐，请问需要什么样的服务呢？"

女士轻轻嗯了一声，"我先看看"，然后就在店里逛，刚逛了一圈，小静见客户并没有购买的意愿，就禁不住走向前去，一一介绍各项服务。

"小姐，您先坐下来吧，这是我们的服务单，我给您介绍一下。"说话的同时，一直跟在客户身后，生怕客户跑掉似的。

小静："如果您不知道选择哪种的话，我给您推荐一款吧。您看这一款，是我们店内的特色套餐，又便宜又实惠。"

客户："是吗？"

客户话还没说完，小静就又将产品的优点、目前的优惠活动以及特色服务，从头到尾滔滔不绝地讲解了一遍。

客户反问道："你们这套按摩比别家的贵啊！"显然客户已经不耐烦了。

这时，小静感觉到这位客户似乎不太高兴，又解释说："一分价钱一分货，您不能以价格来评判这些，我们的确贵点，但店内聘请的都是专业按摩师，您可以先试试。"说着，又是一顿天花乱坠的吹捧。

客户看了一会，就走出了这家店。

像例子中的情景一样，很多客户总是在店里逛了一圈，什么都不买就离开了。这是令很多推销员烦恼的问题。为什么会这样？最重要的原因是销售人员不懂得如何来满足客户的需求。从心理上讲，很多人都有爱占便宜的心理。如果不受节制，这种心理会越发强烈，永远无法得到满足。

在这种心理的影响下，大部分客户在购买产品时会提出很多要求，希望以此获得更多的交易筹码。而很多销售人员也正好中了"圈套"，为了取悦客户，恨不得满足客户的所有要求。其实不然，这种做法会助长客户的"占便宜"心理。在客户越想得到的时候，销售人员越不能轻易地满足他，而是应该逐渐地来满足，让客户在得到心理满足的同时对产品有更深入的了解。

（1）了解客户需求

只有结合客户的需求才能体现出其价值来，如果客户没有这方面的需求，你介绍再多，也没有任何意义。

所以，销售人员在向客户介绍某产品的功能时候，一定要先了解对方的关注点，知道对方要求的重点在哪里，然后根据其重点要求确定所要展现的产品优势。

（2）有选择地满足

客户需求具有特定性，也就是说，客户的需求点往往只限于某一个方面或几个方面。比如，只对那些对自己有用的给予关注。客户的关注点就是客户的潜在需求，只要你知道了客户的关注点，就能把握住客户的需求，那么，销售人员在满足客户需求时就要有所侧重。在充分了解的基础上，抓住客户最重要的需求点，一点点地去渗透。

（3）循序渐进地满足

满足客户需求要循序渐进，按照一定的规律，分时段、有节制地推进，以便让客户最大限度地感到满足。一般的原则是先小后大，先次要后重要，即先满足客户较小的、次要的需求，再满足较大的、重要的需求。

小 贴 士

　　很多销售人员自以为对产品非常了解，可很难取得客户的认可。原因就是谈话时没有重点，没有侧重性。满足客户需求要找准需求点，抓住需求点去针对性地、循序渐进地去满足。

7.6　不要总是以自我为中心，以免陷入认知障碍

　　一个正在热恋中的小伙子，每次带女朋友出来都去吃火锅，因为他自己特别喜欢吃。可每次女朋友都以减肥为由只吃一点点，一次，两次……女朋友吃得越来越少。终于有一次，她拒绝了男孩的邀请，并提出分手。蒙在鼓里的小伙子毫不知情，惊诧地问："为什么！"

　　女朋友告诉他"你喜欢吃火锅，我不喜欢。"

　　"这与吃火锅有什么关系？"

　　"你分明就是一个自私的人，你喜欢便以为我也喜欢，实际上我一点也不喜欢。你没看见我每次都吃得很少吗？"

　　女友的话让他猛然醒悟，事已至此，只得无奈接受分手的结果。

　　从心理学角度讲，这个小伙子犯了一个常识性错误"以自我为中心"，从而陷入了认知障碍中。带女朋友出去吃饭，自以为是为对方好，实际上一直没有忘记自己。这就是心理学上的投射效应，这无疑给我们以警示——不要以己之心度他人之心。

　　关于投射效应有个著名的实验，是德国著名心理学家陆钦斯做的。他曾做

过这样一组实验：分别让两组学生同时看一个人的照片。在看照片之前，他对两组学生描述了照片上的人，两组描述截然不同。

他对第一组人说：这个人是一名十恶不赦的罪犯；

他对第二组人说：这个人是一名著名的学者；

然后，让两组学生分别说出照片上人的性格特征，结果，得出的结论与先前的描述基本一致。

第一组学生说：深陷的目光里隐藏着险恶的内心，高高的额头表明死不悔改的固执。

第二组学生说：深沉的目光表明他思想深刻，高高的前额表明他在科学的探索道路上无坚不摧的意志。

这个实验从理论上再次证明：在不同的暗示下，不同的人对同一事物的认知是不同的。

销售人员特别容易犯这样的错误，我看到不少这样的例子，他们总是站在自我的角度考虑问题，凭着自己的意愿做事，根据自己的感觉给客户下结论。

案例

小营和小芳是某4S汽车销售公司的销售人员，一天，他俩看到一对中年男女走进展厅。小营对小芳说："小芳，你去招呼一下。"

小芳反问道："为什么你不过去呢？"

小营："没看到吗，他跟老婆一起来的，这是个麻烦的征兆，你也是女人，女人和女人好说话。"

说话的同时，客户已经走进了展示间，小芳热情地招呼了两位，并带他们参观了好几种款式的车辆。在参观过程中，客户提出了很多异议，表现得很不满意。小营在一旁说："小芳，不必那么认真，一看就知道不是买车的主，购买的可能性非常小。"

小芳："你怎么知道？"小营瞟了一眼客户说："你看他，连件体面的衣服都买不起，哪有心思买车，就拿你我来说，这些没钱的主会买车吗？"

小芳对小营的话嗤之以鼻，转过头继续与客户交谈起来，她相信对方既然打听车的行情，就一定有购买的想法，哪个不买车的人会无缘无故地逛4S店。

经过进一步交谈，最后，小芳与客户达成了购买协议。

这个例子中两位推销员形成了鲜明对比，小营始终站在自己的角度上，根据自己的错误认知去评判客户。而小芳正好相反，始终以客户为中心，以事实为依据，认真与客户交谈，挖掘客户的内心需求，最终达成了交易。

作为一名销售人员千万不能以己度人，自以为是，总是认为自己比客户更专业，懂得更多，从而把自己固有的想法和做法强加给对方。要知道，每个客户都有自己的想法和主张，怎么能轻易接受他人？这也提示我们不要总是站在自己的立场上想问题、做事情，不深入地了解，怎么知道对方心中真实的想法？

那么，如何规避陷入自我认知的漩涡呢？

（1）抛开先入为主的思想，客观看待每一位客户

以自己的好恶对别人进行自我同化，从而导致对他人的认知障碍；情感投射表现的是对喜欢的人越看越喜欢，厌恶的人越看越厌恶，从而表现为过度赞扬或中伤。

（2）不要自私自利，站在为客户服务的角度做事情

认为他人也如自己所期望的那样，把希望当成现实，从而造成交往障碍，产生猜疑心；自己对某人有看法，就认为对方也在搞鬼，从而使友谊在猜疑中消失。

小 贴 士

在推销中，销售人员不要过分强调自我的利益，以自我为中心，陷入定性思维的束缚。因为这些都不可避免地造成认知上的障碍，影响到对客户进行客观、准确的判断。

7.7　适当让步，用行动证明自己的诚意

适当让步、主动示弱是为人处世的大智慧，销售人员若能具备这种大智慧，并把它运用到推销实践中，不失为一种非常好的方法。

很多时候客户表现得十分强硬，他们这样做的目的是试图掌控谈话的主动权，获得更多的谈判筹码。如果你能意识到对方的心理，遇到这种情况后不妨在不违背原则的前提下，适当做一些让步。强者示弱，不但不会降低自己的身份，反而能赢得别人的尊重，留下"谦虚、和蔼、平易近人、心胸宽广"等美名。

☆ 案例

邵兵是某外贸公司的销售经理，在一项贸易洽谈中，他巧妙地运用了主动示弱，以退为进的策略。

外方想通过邵兵购进一批机器设备，已经达成初步意向，这次谈判就是商定具体的交易价格。

谈判一开始，外方就要求中方作为卖方主动报价，陈述购买的具体情况。邵兵镇定地说，"经过商定，这批机器的市场价为每台1.2万美元，5台总共6万美元。"

当中方表达了自己的想法之后，外方代表认为价格过高，要求降价，并表现出了强硬的态度。经过几轮谈判，对方始终不肯作出一点让步。为了促成这笔交易，邵兵等中方代表主动示弱，同意对方降低1个百分点的要求，看其究竟要怎样。

邵兵尽管已经做出了让步，可外方在签合同时又提出：中方应该承担运费。由于合同中没有规定谁负责运费，外方代表钻了个空子。

此时，邵兵表现得十分冷静，坐在椅子上只说了一句话："这样吧，这个问题我会慎重考虑的，不过此时无法给你准确的答复。你看，现在正值中午，到了用餐时间，我们先去用餐怎么样？"

邵兵不愠不火的态度令外方人员不愉快，同意暂时休会，说："好吧，我是不会再重复这些问题了，利用中午休息的时间，我希望贵方好好考虑一下，下午听你们的意见。"

下午，邵兵找到了以往的销售案例以及国际惯例，对外方这一要求进行了有理有据的反驳。外方在事实面前，也取消了这一不合理的要求。

很多时候，当你放低姿态，主动示弱时，反而更容易获得主动权。以退为进是一种销售策略，销售人员在与客户发生分歧的时候，适当地示弱可以争取更多的考虑时间，从而为接下来的谈判做更多的准备。尤其是那些比较强势、虚荣心强的客户，适当让步可以给足"面子"，满足对方的虚荣心理。

在销售过程中，销售人员总会碰到一些客户，他们直截了当表达对产品的不满，斤斤计较，分利必争。碰见这种情况，销售人员就要善于示弱，适当地做出一些让步也是必要的。

避免与客户发生正面冲突，降低对方的攻击性。要知道，在推销过程中，最忌讳的就是当场与客户争吵起来，一旦出现这种情况，无论你是占据主动还是被动，是有理还是无理，通常都有可能失去这笔交易，失去这位客户。

在与客户沟通的过程中，双方出现价格分歧是不可避免的，这时候，销售人员很容易说一些不恰当的话语，这会使原本就存在的矛盾变得更激烈。所以，当你无法容忍客户的价格异议时，不妨来一点示弱，退一步，让对方感到在心理上占了便宜，然后再相应地一点点地加砝码，逐渐提到预期值。

（1）明确双方的形势

销售人员在与客户展开谈判的时候，不仅要考虑自己的最大利益，也要考虑客户的实际需求和沟通心理，明确双方的形势，对自己和客户的利益得失进行充分考虑。作为一名销售人员，必须明确自己与客户之间既存在着相互需求的关系，又存在着一定的矛盾。但是，只要你能时刻关注，把握住客户的需求，然后在某些非原则问题上做出让步，那么矛盾便可以得到缓和，直至最终解决。

（2）占据主动，适当让步

在谈判中，让步是必要的，但是并不是盲目地让。让步一定要有心理底线，知道让步之后能获得更大的回报。这需要销售人员一定要揣摩清楚对方的真实意图，掌握谈判的主动权。知己知彼，百战不殆，对客户有了清晰的了解之后，以什么方式取胜便是技术问题了。暂时离开谈判桌，也就是以退为进的方法，就是常用的一种。

这些示弱的表达方式其目的并不是向客户妥协，而是一种销售技巧。事实上，销售员越是贬低自己，客户越会满意，因为每个人都愿意享受高高在上的感觉。同样的，他们也都喜欢和有礼貌并且懂得进退的人打交道，而且交谈的时间越长，他们就会越高兴。所以，有的时候可以在语言上表示出弱势的态势。

小 贴 士

示弱是一种策略，它不是降低身价来讨好客户，相反，会反衬出自己的胸襟和气度。很多客户往往会提出一些无理要求，并且太过强硬，这种情况之下，销售人员应该在保持原则的前提下适当让步，用眼前的小利换取更大的长远利益。

第8章

说服术，产品推介引导购买

只有围绕客户的需求进行介绍，产品才更容易被接受。而客户的需求必须通过逐步引导才能充分激发出来，这需要销售人员在与客户沟通时，能准确把握客户的心理，时时刻刻站在客户的角度，设身处地地为对方着想，最大限度地挖掘并满足客户的需求。

8.1 幽默开头，让客户乐于与你交流

在整个推销过程中什么时刻最困难，我会毫不犹豫地说"初次会见客户时"。很多销售人员也有同样的感受，万事开头难，一开始就让客户喜欢上自己，让客户乐于与自己交流，并不是件容易的事情。

然而，有句俗话说得好，"方法总比困难多"，一名优秀的销售人员应该有迎难而上的精神，困难再多也能找出解决的方法。这里有一个方法永远不会过时：幽默。幽默是一种特殊的语言形式，利用幽默的语言开头能消除与客户之间的陌生感，化解尴尬的局面。

☆ 案例

例一：一销售人员拜访客户，双方第一次见面略显尴尬。忽然，销售人员注意到办公桌上放着一盆仙人掌，就故意碰了一下，并且"哎呦"叫了一声。

"怎么了？"客户急忙问。

"我很幸运，不小心扎了一下。"

"那是不幸。"

"幸运扎的是手，不是眼睛。"

双方都笑了……

例二：一大学生在广告公司兼职做广告牌推销员，有一次去报社进行推销，开始他并没有说明自己的真正来意。

"你们需要一名富有才华的编辑吗？"

"不要！"

"记者呢？"

"也不需要！"

"印刷厂如有缺额也行！"

"不，我们现在什么空缺岗位也没有！"

"哦！那你们一定需要这个东西了！"大学生边说边从皮包里取出一些制作精美的牌子，上面写着："满额，暂不雇人！"

对方也因为他的幽默言辞轻松一笑，在轻松愉快中促成了交易。

上述两个例子都是幽默的表达方式在推销中的运用，它能很好地促进销售。

一项心理学研究表明，人与人交流时，最强有力的沟通工具就是幽默风趣的语言，这种风格的语言能最大限度地影响对方心理。比如，人在高度紧张时，听一段相声开怀大笑后就会有所缓解；在治病前，讲一讲笑话就能缓解疼痛和紧张。

推销是一门语言艺术，全靠一张嘴，如果能掌握，并运用大量的语言技巧，机智、幽默、风趣地对客户进行说服，就能获得事半功倍的效果。那么，在实际操作中，如何才能更好地掌握幽默的技巧呢？如图 8-1 所示。

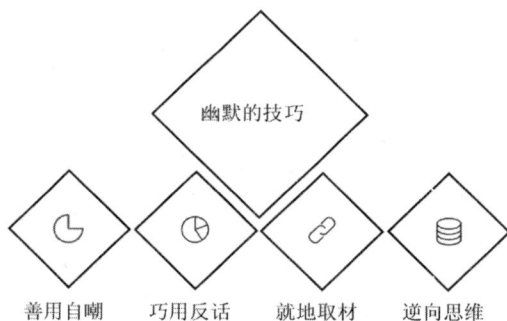

图 8-1　掌握幽默的技巧

（1）善用自嘲

面对困境，最好使用自嘲性的语言来缓解，自嘲，是一种境界，需要气度和勇气，仅凭着这点客户也不会让你一人独自"幽默"。第二次世界大战接近尾声时，丘吉尔及其保守党在英国大选中意外被工党取代，丘吉尔不失洒脱地引用了一句古语："对自己的领袖无情，是一个伟大民族的特征。"这样的话不仅能够产生幽默的效果，还体现了自己的大度，为自己留下后退的台阶。

（2）巧用反话

正话反说也是幽默表达的重要方式，在特定的场合下，会收到出其不意的良好效果。比如，某位电扇售货员在面对客户的挑三拣四时说："这电扇确实有点毛病，花那么多钱买到一件不如意的东西真是不划算！"客户一听，反而不好再说什么了，有不满意的话也觉得没必要说出口了。接着，这位售货员乘机富有同情心地说："幸好电扇的价格比较便宜，它比空调要省电多了。"多采用这种轻松的语言，客户更容易接受。

（3）就地取材

洞察力和观察力是幽默表达的重要前提，因为很多时候幽默需要就地取材，比如，上述例子中销售人员看到客户办公桌上的仙人掌，从而发出了一席幽默之语。在日常交流中，类似的场景很多，需要细心观察，认真体会，有了敏锐的洞察力，才能捕捉更多信息，获得更多的素材，然后以恰当的比喻、诙谐的语言表达出来。

（4）逆向思维

一般客户通常都会顺着"常理"去思考，但是如果把结果转移在一个"意想不到"的焦点上，便会让他们产生"有趣"的感觉，从而对你的产品或服务产生好感，诱发购买动机，促使交易迅速达成。

拜访客户，客户对你是陌生的，这会大大影响到双方交流的效果。为了消除双方的陌生感，销售人员要主动些，讲话的时候风趣幽默一些，营造一个轻松愉快的谈话氛围。在实际销售中，一定要注意把握幽默的尺度与分寸，不要故作幽默，否则就会得不偿失。

小 贴 士

幽默风趣的语言是打开销售成功之门的一把钥匙，其独有的感染力、吸引力能使客户在会心一笑之后，消除内心的陌生感和厌烦情绪，从而对产品、对销售人员另眼相看。

8.2 客户犹豫不决，先听听客户怎么说

面对推销，绝大部分客户都会经历一番思想斗争，权衡再三，才能最终做出决定。面对客户的犹豫不决，我们最好不要急于去催促，去争论，而是要深入他们的内心，找到其犹豫的真正原因。

这时，不妨把话语主动权交给客户，先听听他们自己怎么说。话多必失，对方说得越多，越容易暴露自己，当一些关键的信息、重要的信息被暴露出来时，也就是我们趁机进行说服的时候。

☆ 案例

小王是一名瓷器推销员，经过一番推销之后，双方基本上达成了协议，在这种情况下客户通常会立即付款，但这位客户却一再犹豫，迟迟不肯下决定。

小王："您既然喜欢这款瓷器，为什么不买下来呢？"

客户："我想再多考虑考虑。"

小王："为什么呢？如果有什么顾虑可以说出来，说不定我可以帮您解决。"

客户听了小王的话显得有点无奈："我对此了解不多，想咨询一下朋友。"

小王："我明白您的意思，您是怕被骗？"

客户："现在这种情况很多，以次充好，弄虚作假，不得不防啊。以前，我曾有过失败的经历……"小王本来想详细解释一下，没想到对方谈起这个事情表现得很气愤，就没继续说下去，而是听对方将事情的原委从头到尾复述了一遍。在整个过程中，小王听得十分认真。同时还注意到一个细节：对方上当受骗的主要原因是听了推销员的推荐。

"一朝被蛇咬，十年怕井绳"，从这点判断得出对方的犹豫来自对推销员行为的条件反射。在了解到这些后，小王有了主意："既然这样，我可以马上给您解决这个问题！"说着，将客户带往经理办公室。

"××先生，这是我的上司，按规定员工如果有欺诈客户的行为，要承担全部责任。今天当着我们经理的面向您保证，您买的这款瓷器如果存在问题我会全权负责，以后有问题直接找我。"

小王的一席话斩钉截铁，说得客户无言以对，最终付款结账。

上述案例中，小王注意到客户有些犹豫时，没有大篇幅地展开劝解，而是逐步引导，让对方自己诉说。通过认真倾听抓住犹豫的原因：客户喜欢该产品却又犹豫不决，不肯购买，从心理学上分析，这正是希望拥有而又有所担忧的心理特征。这些担忧来自彼此的不熟悉，双方了解不多；还有一种情况是信息的不对称，客户没有达到自己预期的目标自然会有所担心。

所以，遇到这种情况，销售人员应该先保持沉默，适当"放权"，将说话的主动权留给客户，让他们先说。一方面你可以从客户的话中了解更多的信息，另一方面还能满足客户急于表达的心理期望。随着交谈的深入，了解的加深，你会掌握更多的信息。在掌握更多信息的前提下，才能取得主动权，才能够有针对性地根据对方的心理推介产品。

可见，让客户多说话是一举兼得的举措，既能满足客户心理期望，又能充分侦探"敌情"。那么，如何才能让客户尽可能多地说话呢？这需要销售人员掌握必要的方法，适时地激发他们的表达欲望。

技巧一：边听边观察，逐步引导

引导客户以及能否顺利说服对方购买，往往取决于有效掌控对方的心理，根据心理状态进行逐步引导。做到这一点离不开细致入微的倾听能力，通过倾听，把握客户的心理脉络。倾听一般来讲分为 5 个层次，如图 8-2 所示。

倾听是销售人员必备的一项素质，采取积极的倾听态度，对销售工作大有裨益。倾听还要伴随观察才能有更好的效果。比如，对方说话的语气、神态、肢体动作等。这是一项长期积累的工作，需要销售人员在实际推销过程中多思考，多积累。

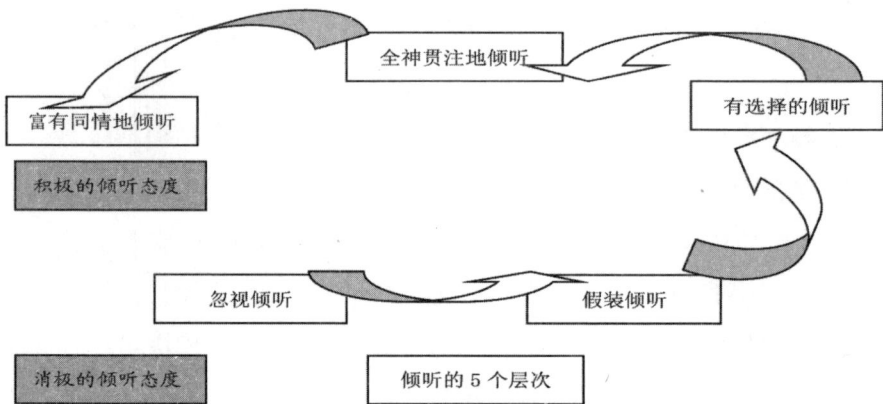

图 8-2　倾听的 5 个层次

技巧二：用提问的方式让客户多说话

在客户表达意见和想法时，提问可以有效地帮助他们更好地表达，如果提问得好，不但可以令客户畅所欲言，而且还有助于自己根据客户的谈话深入了解客户的需求信息，有利于双方的进一步交流与沟通。当然，这需要销售人员在与客户沟通的过程中，多从对方的需求点着眼，设计一些开放性的问题，引导客户不断去思考，去感受。

在这里有个非常实用的方法：六厢提问法。六厢提问法是指通过横向和纵向两个维度的提问来了解客户基本状况，确定客户痛点需求，以抓住痛点给出有针对性的解决方案。因为将问题放在了一个三纵两横的方框中，所以被形象地誉为六厢提问法。

为了更好地说明这个问题，现分析一个实例：某客户正在商场的家电区了解电视情况，导购员在不了解客户需求的情况下可以采用六厢提问法，如图 8-3 所示。

客户状况	您在寻找什么？	您在寻找大屏液晶电视吗？	您在寻找最新款的大屏液晶电视吗？
客户痛点需求	以前购买过没有？	使用过程中有什么问题吗？	这些问题是怎么解决的？ 现在已经解决哪些？ 还有哪些没有解决？
	普通提问	补充性的提问	确认性的提问

图 8-3 六厢提问法实例分析

纵向维度代表问题，箭头从左向右表示问题逐渐聚焦；横向维度代表客户需求，箭头从上向下，表示客户需求逐渐明确。

只有有效提问，让客户进入角色，才能让对方充分表达自己的想法和需求，与你形成良好的互动，从而更好地实现推销。需要注意的是，在提问中，销售人员需要给予客户足够的选择自由，以及充分的选择空间。

技巧三：帮助客户思考，并非代替

作为销售人员，责任在于引导客户去表达，而尽量不要代替他们思考、发言甚至是决策。

在销售过程中，销售人员要给客户充分的说话、思考时间，并根据观察客户的表情、行为、反应，适当地提醒，引导。另外，无论对方说的是否正确，销售人员都不要中途打断，而是等对方说完之后再进行合理的解释。要知道，尊重客户，就是在给自己一个成交的好机会。

技巧四：采取积极的补救措施

任何时候销售人员都要从内心需求把握客户，因此无论什么时候想客户之所想，急客户之所急，为客户提出一个切实可行的解决方案，帮助客户解除内心的困惑。

通过倾听，找到了犹豫的原因，就要及时采取补救措施。制订一个完备的方案，并尽早实施。同时，要征求客户的同意，说明处理办法，并解释为什么决定用这种方法。如果自己无法解决，就要与相关人员协商。

说话太多必然会导致聆听太少，这样销售人员就无法在短时间内获取客户所要表达的信息，也无法真正地了解他们的需求。

小 贴 士

有些推销员总以为谁先掌握话语主动权谁就能保证先得利，因此在与客户沟通时都会想办法先掌握话语权。其实，这未必是件好事，因为一开始双方并不熟悉，这时候的主动权从某种程度上说并不可靠，或者说并不是真正的主动权。不如把说话的主动权交给客户，我们则安心倾听，根据所获的信息见机行事。

8.3 描绘美好前景，弱化客户的消极念头

人对于未来的向往通常是矛盾的，既有期待的兴奋又有莫名的恐惧。心理学表明，在矛盾心理的驱使下很多时候恐惧会占据上风，人想得更多的是消极的东西。这种消极的思想来自于未来诸多不确定性因素，最直接的影响就是负面情绪增加，比如，不自信，焦虑不安，反复不定等。

客户也有这种"矛盾心理"，具体体现就是对产品的质疑。客户面对陌生的产品时心中难免会有质疑：公司的信誉度如何？产品质量是否有保证？售后服务是否完善？等等。

在这种情况下，销售人员要学会扬长避短，趋利避害，给客户展示一幅购买产品后带来的美好前景。实质上就是在客户心中建立一种积极的意愿，一旦建立了这种意愿，客户就会坚定信念，对产品充满希望。

只要在客户心目中建立起良好的愿景，就能有效激发起他们的购买兴趣。下面这个例子能很好地说明这个问题的。

案例

某装饰公司销售人员得知某饭店正在装修，就去拜访该饭店老总。经过交谈，对方认为装修费用过高而拒绝了他。

但这位销售人员并没有泄气，一直在寻找突破口。他注意到了这家饭店地处旅游景点周围，位置非常有优势，于是利用这点展开交谈。

"××总，您真是独具慧眼啊。"

客户微微一笑："为什么这样讲？"

"这块地人气旺啊，这个旅游之地最大的优势是就是游客多，游客多必定会有大量的消费，我想您也是看中这点了吧。"

"我也这么想过，但毕竟初次来到这，效果也许没有想象的这么好。"

"您多虑了，这个景点每年4月份到11月份都是旺季。"

客户爽朗地笑了。

这位销售人员接着说："如果你再装修得独特一点，有特色一点，自然会吸引更多客户。"

客户："你的建议呢？"

销售人员："供游客休息的地方，主要就是优雅、整洁，当游客走进您的饭店，得到的不仅仅是身体上的放松，更是心灵上的净化。因此，装修一定与周围的环境相吻合。以后您这个饭店也会成为一道亮丽的风景线。如此舒适华丽的饭店，我想一定会吸引更多的游客，助您生意兴隆。"

客户听了他的话，微笑地问："您有没有更具体的计划？"

销售人员："我初步设想是这样的……如果不满意可以再商量。"

经过一番长谈，双方终于达成了初步的合作协议。

例中这位销售人员向客户描述了"高价装修"未来的前景，从而使客户认为投资装修很值。例子中这位销售人员的成功之处在于"给客户描述了一幅良好的远景，让客户对未来产生了美好的憧憬"，从而使客户的疑虑一扫而光，最终签订了协议。

与客户交流，多说说未来的美好，往往容易激发起他们内心美好的、积极的一面。因此，销售人员必须让客户心中产生一种美好的愿景。那么，如何描述才能令客户信服呢？

（1）准确预测

销售人员向客户推销不单单是产品本身，还包括产品背后的利益、蕴含的信息以及未来前景。作为销售人员需要时刻观察市场动向，了解产品最新动态，结合以掌握的信息对产品未来前景有客观的预测。这是非常重要的一部分，有助于客户更深入地了解产品，增强对产品的信任。

（2）客观描述

未来的任何东西都是不确定的，销售人员在对未来前景作描述时，需要以事实为依据，实事求是。千万不可仅仅凭一张嘴肆意乱说，否则反而会让客户感到不踏实。

最重要的是向客户提供确凿的证据来证明未来的可预测性，比如，质量证书、销售合同、合作伙伴的认同等。在证据面前，客户的疑虑就会大大被弱化。

（3）善用售后保证

销售人员向客户介绍产品的同时，应该交代售后保证。高质量的产品必须有与之配套的售后服务，这样才能解除客户的后顾之忧。有的客户在购买产品时，把售后服务看得非常重，所以，销售人员要将售后服务或维修条款介绍清楚，让客户清清楚楚知道与产品有关的一切服务。

小 贴 士

为了坚定客户的购买信心，在介绍产品的同时需要将产品理想化，以最大限度地体现产品的未来价值，让客户感到产品在未来能为自己带来更大、更多的利益。

8.4 简单最好，任何客户都不喜欢啰嗦

话并不是越多越好，要说在点子上，同理，在产品介绍时也不是越全面好，而是要有侧重、有选择地进行。很多销售人员一见到客户，恨不得把知道的一切一吐为快，全然没有考虑到客户能否理解，能否接受。由于客户对产品的了解程度不同，自然也就无法完全了解销售人员所说的，介绍再多如果客户无法听进去，仍是一团谜。因此，销售人员要根据客户的需求，用凝练、通俗、容易被对方接受的方式来推介。

案例

推销医疗设备的推销员马翔，专业知识掌握得很好，对产品也很了解，可就是业绩不理想。他向有经验的老员工求教："我很努力，业绩一直不乐观，不知道问题出在哪儿？"

老员工与他进行了简单的交流后，问题便迎刃而解。

问："你是怎么与客户交流的。"

答："我介绍得很认真，很详细，几乎面面俱到。"

问："那你一场下来需要多长时间"

答："半小时以上。"

问："那你必败无疑。"

他显得很惊愕。老员工继续问："你把我当客户介绍一遍。"

结果，他讲了产品的很多知识，性能、用途、质地以及维修、保养等。可老员工一句也没听进去，根本无法理解他所说的一切。

　　老员工说："这就是你的问题所在，尽管口若悬河说得很多，却不知道对方需要什么。"

　　"那我该怎么说呢？"

　　老员工打了个比方："如果我向你推销一款从未喝过的饮料，你第一感觉是什么？"

　　他脱口而出："好喝不？"

　　"对，那我一开始就给你讲饮料的配方，制作流程这些，你会不会感觉很烦？"

　　"会。"他肯定地回答。

　　"现在你理解为什么遭到拒绝了吧。"

　　老员工讲完这些，他终于明白了。

　　客户，对你来讲永远是"看客"，他们不会花大量的心思去陪你聊枯燥无味的知识，他们只想尽快了解自己需要的东西。因此，推销人员向客户介绍产品时不能追求面面俱到，即使有些东西很有说服力，如果理解起来非常困难，也应该避免说。

　　信息的不对称很容易造成理解上的隔阂，为此销售人员必须找到更有利于客户理解的介绍方法。那么，什么是好方法，什么方法最有效呢？我认为要符合以下 3 个衡量标准。

（1）有明晰的谈话思路

　　作为一名成功的销售人员，必须把客户的思维控制自己的范围之内，即理解自己所说的话。如果达不到这个目标，沟通工作将失去意义。

　　销售人员在介绍产品，或表达自己意见和意见时必须先明确自己的谈话主题，确定以什么样的思路去说，以便客户更集中地倾听、更全面地理解。

（2）运用通俗易懂的语言

　　相对销售人员来讲，客户对产品知识了解较少，很多专业名词，术语理解起来比较困难。如果你讲的话是对方听不懂的专业名词，如何能不烦？

所以，语言要简单明了，表达方式要直截了当。在讲话之前，一定要把令人费解的词或语句转换成通俗易懂、令人感到亲切的语言。只有这样，才能让客户准确理解其中的涵义，并及时地做出反应。

（3）有技巧地形象表述

有一次，我陪老婆去逛商场，卖衣服的导购小姐说了一句话，使本来没有购买欲望的她毫不犹豫地掏出了钱包。这名销售人员对我太太说的什么话，竟有如此魔力？很简单，那句话是："穿上这件衣服可以成全你的美丽。"

销售人员说话一定要能够打动客户的心，而不是客户的脑袋。为什么要这样说？因为客户的钱包离他的心最近，打动了他的心，就打动了他的钱包！而打动客户心的最有效办法就是形象地描绘产品，这远比枯燥无味的解释有效得多。

小 贴 士

简单清晰的语言是凝练后的语言，需要销售人员平时善于总结。把重点内容标出来，认真思考，加以总结。值得注意的是，简单清晰地表达，不能为了追求简单断章取义，致使客户无法完全了解信息。

8.5 直接阐述，客户关心的永远是利益

著名营销大师科特勒曾说，"推销并不是以最精明的方式兜售自己的产品或服务，而是一门为客户真正创造价值的艺术。"这句话的核心是，客户最关心的是自己的利益，关心的是购买你的产品后能获得什么好处。

一个产品价值的体现，是能够帮助消费者解决实际问题。销售人员在推销产品时一定要着重强调产品所能带来的利益，这一规律是符合客户心理期望的。

从这个角度看，一名优秀的销售人员所要做的，并不仅仅是将产品简单地推销出去，而是要让客户从产品中获得实实在在的利益。

案例

某航空公司空姐正与一位客户会谈，目的是让该公司的人出差时能乘坐该公司的航班。他对客户说："我们会全程为您提供旅行服务，希望乘坐本次航班。"

仅仅这么一点是远远不够的，因为几乎任何航班都会有此服务。除此之外，还必须提供额外一些信息，来让客户觉得乘坐你的航班可以享受到更多的好处。

另一名空姐是这样对客户说的："我们的商务旅行服务，您不用增加任何费用即可预先得到头等舱机票。另外您在订票后，一切旅行活动我们都会提前安排妥当，如出租车接送、酒店住宿预订服务等。"

显然，第二位空姐在服务能带来的"利益方面"的描述更到位，更容易打动客户。详细阐述机票给客户带来的利益时，将该公司产品最独特、最核心的利益展现出来，立刻打动了客户。

推销产品或服务，目的就是为客户带来一定的利益，销售人员的职责是把产品或服务转化为客户的利益。向客户推销寿险，就要让对方坚信，购买保险可以为自己或家人提供安全保障；向客户推销电视，就要让对方看到，通过收看电视节目，可以消遣、娱乐和学习……只有让客户了解到你的产品能够给他们带来利益时，他们才会购买。

作为销售人员，一定要把产品能带给客户的最大利益体现出来，让客户感觉到购买得物超所值。因此，在推销时必须做到，了解客户需要什么，告诉客户你的产品能满足他们的需要。只有这样才能激发出对方的购买欲望。

那么，该如何来最大限度地体现产品的利益点呢？做法有以下3点，如图8-4所示。

图 8-4　最大限度地体现产品的利益点

（1）阐述清楚产品带给客户的利益

产品利益，即购买产品之后客户能获得好处，包括产品性能、质量带来的实惠，也包括品牌声誉带来的心理满足。

在产品介绍时，销售人员必须对产品有全面、更深层的了解，也就是说，要真正从维护客户利益的角度去理解这些产品，做到真正围绕客户的核心利益而展开。

（2）结合客户需求定位产品优势

产品的特性与优势再多，若不能为所需要，它都算不上是"利益"。这并不意味着就能得到每位客户的认可，毕竟每位客户都有不同的购买动机，因此，真正影响客户购买决定的因素绝对不是产品的优势和特性，而是客户的需求。

反之，若能发掘客户特殊需求，找出产品的特性及优势来满足客户的特定需求或解决客户的特定问题，这个"特性"就有无穷的价值，这也是销售人员存在的价值，因此，推销过程中，最关键就是了解客户想要什么，跟着客户的需求走。客户有什么样的需求，就重点介绍相对应的产品优势。

比如，有的客户重视产品的实用性，有的重视其安全性，有的重视美观性。如果客户没有这方面的需求，产品的任何优势对客户来讲都是毫无意义的。

（3）将产品优势转化为产品利益

优势、利益对客户而言具有重大意义，但是，产品的优势与利益两者存在着本质上的区别，优势并不等于利益。因此，在实际推销中需要将产品所具有的优势，结合客户需求，转化为实际利益。化"优势"为"利益"的步骤有 6 个。

第一步，从事实调查中发掘客户的特定需求。

第二步，运用询问及倾听技巧发掘客户的特定需求。

第三步，介绍产品的特性（说明产品的特点）。

第四步，介绍产品的优势（说明功能及优势）。

第五步，介绍产品的利益（能满足客户的基本需求）。

第六步，体现产品的独特性（能满足客户的独特需求）。

小 贴 士

　　无论介绍产品还是介绍服务，销售人员都不能只介绍它们是什么，而要介绍能给客户带来什么，用利益打动客户。客户不是因为产品本身而购买，而是因为能带来的更多利益而购买。

8.6　多强调几遍，有效的重复助你破茧成蝶

　　心理学上有个重复定律，讲的是任何行为只要不断地重复就能得到强化。做一件事即使再难，说一句话即使对方不认可，只要不断地重复，都会在人的潜意识当中得到强化，形成自己认可的事实。

　　做销售也一样，当你的推销遭到客户拒绝时，不断地重复，你的观点就会在对方心中得到强化，在潜移默化中被接受。

　　对一名销售人员来讲，遵守重复定律需要做的是不时地重复客户的特定需求，以便对方更好地记住这几点，接受你的产品。在谈话中多次重复一句话，强调一个意思："这件晚礼服对你有用"。正是多次对产品"实用"这一特征的强调，

从而坚定了客户购买的意愿。

那么，在与客户交流时，为什么要不断重复呢？这是因为，很多时候，两个或多个人交流时会出现信息不对等的现象，从而使得一方很难完全领会另一方的意思。或许你有这样的经验：当与陌生人交谈时，你说的话对方很难完全听进去。据一项研究表明，陌生人之间谈话时对方从你谈话中所获得的信息不足 60%。也就是说，几乎有三分之一的话被忽略掉。你看到这组数字会不会很惊讶，在商务谈判中，这意味着将会损失多少时间和精力。

其实，也不必为此惊慌失措，这种交流的阻碍是由人的心理所决定，作为销售人员，想要改变这种状况，就需要掌握重复定律，力争把客户需要知道的信息简单明了、准确无误地传达给对方。但是重复不能像鹦鹉学舌一样盲目地反复，而是需要掌握一定技巧，有侧重、有针对性，以真正起到突出、强调的作用。一般来讲可采用以下方法，如图 8-5 所示。

对重点信息进行重复　　对重复的话题进行界定　　注意重复的次数　　重复客户的话

图 8-5　把握重复的重点

（1）重复重点信息

对于要重复的话，句句重复无异于和尚念经，毫无意义。因此，哪些话需要重复，哪些话不需要重复，销售人员要有明晰的判断，有重点、有针对性地进行。比如，难于理解的地方，客户的需求等，可以适当地重复。

只有抓住话语的重点，才能令对方做出正确的回应，否则，反而显得你啰唆，引起对方的反感。

（2）对重复的话题进行界定

人的大脑本能地会对所接受的信息进行取舍，这说明一个人无法从谈话中获取全部信息，这也必然会限制交流的效果。想要避免这种情况，最简单有效的办法就是利用重复对于所谈的话题进行明确界定，当谈话进行到某一阶段或某个话题即将结束时，要对先前的话进行重点、重复性总结。

（3）注意重复的次数

有的销售人员盲目认为，多强调一次就可以加深在客户心中的印象，因此，一句话会连续重复多次。事实并不需要这样，强调的次数与印象的深刻程度并非成正比。有时候一句话重复得多了，只会让人觉得你在敷衍、很虚伪。

（4）学会重复客户的话

当客户陈述完一个问题后，你可以说："我们确认一下，你是说……吗？"这种复述很容易让对方感到愉快，如果你复述得完全正确，对方会感到很欣慰；如果说错了，对方往往也不会责备，反而会被你的认真负责感动。这时对方很有可能会纠正你的错误。这样的谈话，其实也是一种间接重复，可使沟通更深入下去。

小 贴 士

重复，对一个人来说也许会厌倦，但对于有目标的销售人员来讲一切都变得那么有意义。经过不断重复以及适当地重复，可以强化自己的观点在客户潜意识中的作用，促使对方作出有利于我们的决定。

8.7　利用口碑效应，让客户主动说好

客户在产品的选择、购买、使用的过程中都会不同程度地受到家人、朋友、同事或熟人的影响。有人曾做过一项调查，有 59% 的用户是从朋友、熟人那里获

得的产品信息，其中 40.4% 的人绝对相信朋友的推荐；这是一个多么恐怖的数据，大量研究也发现，口碑传播已经是一种被客户经常使用，且深得大多数客户信任的方式。

金杯银杯，不如他人的口碑，利用口口相传来扩大自己的影响力是一种非常高效的推销方式，既能节省成本，又可提高工作效率。这就是心理学上的口碑效应。

春秋时期，齐国有一家郑氏客栈，店主郑耳为人慷慨，对于落难之人总是出手相助，不仅收留他们，还资助他们回家的路费。受到他帮助的人逢人便赞之，口口相传，当时列国都知道该客栈，郑氏客栈生意也因此而红火起来。

做销售也要充分利用口碑效应。

案例

世界上最伟大的推销员乔·吉拉德在自传中曾写道："每一位客户的背后都有250位客户，如果能充分利用好每一位客户，也就间接地得到了250位客户；若得罪一位客户，意味着也就得罪了250位客户。"这也是著名的250定律。

每位客户背后都有着庞大的人际资源，善于挖掘、利用这些资源将大大促进推销的进程。

一位强有力的客户对销售人员的帮助是惊人的，他说的话会对准客户产生很大影响。所以，销售人员必须有几个"铁杆客户"，为自己推荐更多的新客户。但是如果客户对你不信任就不会把人介绍给你，所以，销售人员要给老客户提供更好的服务，提高他们的心理满足感。同时要善于处理与他们之间的关系，建立起非同一般的情谊。

利用客户关系制造良好的口碑，可以有效促进推销工作的开展。口口相传与其他传播方式相比有无法比拟的优点，即可以在消费者之间快速、有效地实现互动。

那么，如何利用老客户的口碑效应呢？一般来讲有以下 3 个方法。

（1）以"利"为先，让老客户主动介绍新客户

让客户成为你的推销员，需要采取一定的方式，促使对方持续不断地保持愉悦，愿意向自己介绍新客户。最有效的方式是保持利益上的往来，只有有利可图，对方才肯付出。

比如，曾看到福特宣传广告上有这样一组醒目的大标题："新客户携老客户莅临展厅，两人均可获得500元油卡或原厂保养一次。"

乔·吉拉德也善于运用这种方式来维护与老客户的关系，每当在生意成交之后，他总是把一叠名片交给客户，希望获得他们的转介绍。名片上明确提出："如果介绍别人来买车，成交之后，他会从每辆车得到25美元的酬劳。"

（2）利用老客户的推荐建议

老客户的意见和建议，对新客户是一种非常大的触动，销售人员把这些东西带在身边，展示给自己的新客户，能有效地促使客户下决定购买。

每次完成销售后，你可以多搜集一些客户的反馈信息，比如问对方："满意我们的服务吗？"如果客户满意，那就抓住机会让他们写下简短的个人意见，或推荐语等。

（3）将反馈信息可视化

让客户为你的产品做宣传，并不仅仅局限于话语，如果能用照片、视频等这些可视化的东西，更容易打动客户。

一位推销员每次向新客户推销产品时都会拿出一组照片，上面是以往老客户围在他旁边谈笑风生的情景。这些照片用于推销中起到了很大作用。尤其是当新客户对产品有质疑时，他都会讲述这些照片背后的故事，很快就能赢得新客户的信任。

我在刚做销售时，通常将与一些客户交谈记录录下来，拿去与新客户分享。这都是为使客户认识到：为什么购买我的产品，选择我的产品后给自己带来的好处。或者遇到客户砍价或对服务有疑问时，我就会随机播放这些声音给他们听，最终打消了他们的顾虑。

小 贴 士

老客户的好口碑来自你对他的真诚，如果你能令他们满意，他们会真心实意地帮助你。客户是否满意并不仅仅是针对结果，更多地来自于完美的过程。只有满足客户的需求，他们才会为你自觉自愿地做宣传。

8.8 制造紧缺，利用客户"怕失去"的心理

很多客户一面表示对产品满意，一面又在找各种理由推托，"明天过来拿""需要和家人商量一下"等，这就是人们常说的等待心理。心理学认为，大多数人都有企图通过等待来使自己的现状有更好变化的心理。这也是为什么大多数人做事都喜欢拖延的原因，因为他们总是在"等一等，看一看"，希望后面有更好的。

销售人员在意识到这种心理之后，可以反其道而行之，故意给客户制造一种"不可等""不买可能就没机会了"的紧迫感，逼迫对方下决定。最有效的办法就是限时限量，制造一种紧缺，促使客户早下决定。

案例

某商城正在进行冰箱促销活动，小郭是商城的一名导购员。

客户："这款冰箱多少钱？"

小郭："4999元。"

客户："不是正在促销吗？"

小郭："这次活动只是针对个别型号，您看中的这款产品不在促销范围之内。"

客户一听这不是虚假广告嘛，极度不满："骗人。"

这一切都在小郭意料之中，他并没有因此而生气，只是说："如果您看中的话，我可以尽量为你争取优惠。"

片刻时间后，小郭非常高兴地走过来："公司已经答应，按我们的促销价给您，赠送一款电饭锅。"

客户虽然还有些不满，但是在态度上已经有了明显的改变，只是嘟哝了几句："赠送电饭锅连冰箱零头也不到。"

"这些赠品来之不易，公司对促销赠品有严格的规定，所以，争取到这点也相当不容易。"就在此时，多个客户陆续走进来，小郭前去搭讪，你一言我一语，相谈甚欢，十多分钟过去了。

当小郭再次走到跟前时，客户显得有些焦急："这款产品能不能按照买大赠小进行优惠，我的确是有诚意购买。"

小郭："这个型号的冰箱并不在优惠范围之内，您也知道我刚才只申请了一个优惠名额，若您再犹豫，我就给那边的客户了。"

客户："那好吧，我们办理交款手续吧。"

例子中，小郭的方法成功之处就在于打破了传统的一再优惠的销售方式。而是在提出优惠的基础上巧妙地制造产品紧缺感，让客户产生急于购买的心理。

对于销售人员来讲，时间就是效率，任何一点拖延都有可能使整场销售全盘皆输。这个时候，制造抢购技巧，在销售过程中这是一个非常好的方法。在制造紧缺、督促客户下决定时，销售人员可以运用一些小技巧。

（1）日期限定法

在销售中，销售员可以为客户限定某个日期，这种方法可以促使对方决定购买。以下是强调期限的 5 种说法，具体如表 8-1 所列。

表 8-1　限期消费的 5 种说法

1	8 月 1 日价格就要上涨了
2	8 月 1 日优惠活动结束
3	8 月 1 日之前下单，有赠品相送
4	存货不多，8 月 1 日前……欲购从速
5	如果 8 月 1 日不交货款，就无法为您预留某产品了

（2）限量供应

上海有一家腊味商店，货真价实，风味独特，各种腊味全是手工制作的，很受客户的欢迎。但这家店却有个奇怪的规矩，就是每天限量销售，卖完之后就不再销售了。即使客户再多，要求再强烈，也不做了。这是为什么呢？

老板说："店里人手不够，若是做得多就保证不了质量了，请您见谅。"

其实，老板真的是在限量吗？

他用的就是"欲擒故纵"法。这个故事充分说明，制造紧俏感更能促进销售，这就是限量销售。所谓限量销售，是指主要通过控制日销售的产品量或产品总量来诱惑消费者，从而提高产品知名度和受欢迎程度的一种方法。

（3）预定供应

在日本东京，有一家商店的打折方式是独特的，它首先制定打折的期限，第一天打 9 折，第二天打 8 折，第三天打 7 折……依此类推。客户如果想在打折期间购买自己喜欢的产品，就可以在喜欢的日子过去。如果你想以最低的价格买，可以在打 1 折的时候过去，但是你要买的东西并不能保证会留到最后一天。

这些方法有效地抓住了客户的心理，不少人害怕自己想买的东西被别人买光，就忍不住了，从而形成了抢购的热潮。销售人员在向客户推销的时候应避免步步紧逼，否则反而会给客户带来很大的压力，而过多的压力势必会让客户心生反感，最终放弃购买你的产品。

（4）借助同事配合

当销售人员与客户产生分歧互不让步时，双方都会产生较大的心理压力。这时，利用旁敲侧击法间接地沟通，可以缓解这种窘境，从而修正某些偏差了的目标。

有时候，必须表现出一种决不妥协的姿态给客户看，同时为避免客户直接拒绝，可能又需要在认为合理的情况下做出妥协，这时便可以借助同事的配合，演一出"双簧"。

小 贴 士

制造紧缺是一种常用的促销方法，目的是促使客户尽快采取购买行动，但不意味着弄虚作假，欺骗客户，否则反而会影响到销售的效果。兵不厌诈，虚虚实实，但要适可而止，千万不要欺骗客户。

8.9　引导客户参与，给客户最直观的感受

心理专家研究发现：人在倾听时其注意力呈水纹状波动，即每隔 5~7 分钟就会有所放松。这个规律告诉我们，要想使听者的注意力始终保持在高度集中的状态，每隔几分钟就要进行相应的刺激，制造一些兴奋点，以此来调动倾听者的激情。

可见，在谈话时保持客户的注意力高度集中是多么重要，否则，你们的谈话可能付诸东流。如何使客户保持注意力，最好的方法是让他们充分参与到谈话中来，比如，活动游戏，做做演示，引导客户亲自参与等等，总之要给客户最直观的感受。

我们先来看一个例子。

案例

斯坦巴克是美国某安全玻璃生产企业的推销员，他的业绩在该公司长期名列前茅。在一次颁奖大会上，主持人说："斯坦巴克先生，你用什么方法让你的业绩始终如此好呢？"

斯坦巴克说，"我的皮箱里面总要放两样东西，小截玻璃和一把铁锤子。推销中，当客户对玻璃有所质疑时，我就拿锤子去砸玻璃。这时候很多客户都会为我的举动而吃惊，同时他们会发现玻璃不会碎裂。这时候我就可以大胆地问他们：'您想买多少？'整个过程有时候还不到一分钟。"

斯坦巴克讲完这个故事不久，几乎所有销售安全玻璃公司的销售员出去拜访客户的时候，都会随身携带安全玻璃样品以及一把小锤子。

此次大会之后，很多销售人员纷纷仿效拿着锤子去砸玻璃，业绩虽然有所回升，但是仍然无法超越斯坦巴克。很多人又不解，难道他还有什么法宝？于是又有人问："我们现在都在效仿你，为什么你的业绩仍然保持第一呢?"

斯坦巴克笑了笑，说道："原因很简单，我把锤子交给了客户。"

斯坦巴克的成功之处在于为客户制造机会，通过破坏试验让客户参与到谈话中来，用这种特殊的互动方式来吸引客户更多的注意力。说起来很简单，但就是这样一个简单的技巧，对于很多销售人员却很难做到。

那么，如何引导客户充分参与谈话呢？我认为至少应做足 3 方面的准备工作，如图 8-6 所示。

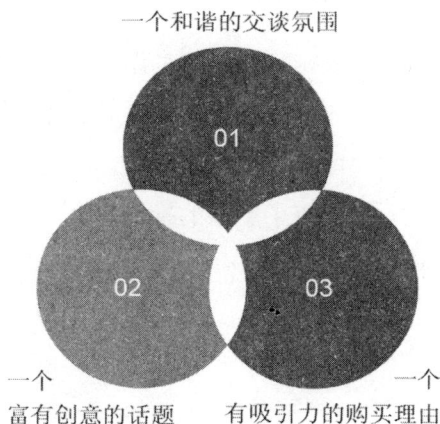

一个和谐的交谈氛围

01

02　　03

一个
富有创意的话题　　一个
有吸引力的购买理由

图 8-6　引导客户参与谈话的准备

（1）一个和谐的交谈氛围

由于陌生带来的拘谨，不少客户不会轻而易举地接受你的授意，更不会轻易亲自动手去做，所以，销售人员应先为客户热热身，为他们营造一个和谐的谈话氛围，然后逐步引导对方去体验。看到不少销售人员在推销产品时，一个劲地让客户"试一试""体验体验",看似是好意,但由于客户内心警惕之心很高,往往会拒绝你的好意。

(2)一个富有创意的话题

在向客户推销之前,如何让客户在最短的时间内参与到其中来,需要事先确定一个沟通方案。其基本要求是,要能够最大限度地激发客户的好奇心,使之产生购买兴趣;或者改变对方原有的想法,认为你是对的。

完美方案的形成必须有创意点,这个点子是方案完美的基点。值得一提的是,你的创意很重要,当你说这个点子的时候要能瞬间抓住客户的心,否则后面的一切推销将失去意义。

(3)一个有吸引力的购买理由

推销首先要让客户看到你的产品与众不同的地方,然而,大多数销售人员却是在自己诉说,为客户做思想工作。

客户购买的是产品,当然希望在第一时间对你的产品有个明确的了解。而且,随着对产品的认可,客户对你的态度也会慢慢转变。比如,你推销的是珠宝饰物,可以先把产品送到客户的手中,让他感受,即使你一句话不说,客户也会有自己的感触,当客户开口讲话时,你便有了更多的推销机会,从而避免自己唱独角戏。

只有直观的体验,才能让客户对产品有个更深入的了解,对内心有更强烈的冲击力。

小 贴 士

给客户最直观的心理感受,比说一千句话还管用。营造气氛,创造情境,让客户亲身体验,或者通过特定肢体动作向客户展示,有利于客户更好地了解产品的特性或优点。

8.10 成功实例引导，增加客户的信赖感

如果你经常听课、听演讲会有这样的体会，听故事比高深的理论更有趣，更容易受到启发，学到知识。这是因为故事所传递的信息要远远多于其他方式，也更容易引起情感上的共鸣。

心理学研究发现，故事对人右脑刺激比较强烈，当你听别人讲故事时右脑会立刻兴奋起来，对摄取到的信息进行分析、判断。然后去筛选一些对自己比较重要的信息，以此来判断它是否有用。在推销产品时单纯地介绍难免会使谈话显得过于枯燥无味，容易引起客户的反感。如果适时地掺入一些小故事，或者成功的案例，一定程度上可以增加谈话的趣味性和说服力。

越来越多的销售人员意识到，运用成功案例来说服客户是一种非常有效的方法。

案例

小孙是一位保险理财员，他在向客户推销产品时总是喜欢摆事实。"我的一位老客户是理财能手，从事股票、基金交易十多年。即使在股市持续下跌的行情中，他的收益也没出现大幅下滑。他将大部分资金用来投资保险，买了我们的红双喜。"

客户说："那人家毕竟是专业的理财手，我们都是普通老百姓，不希望以此来赚多少钱。"

"您说的有道理，保险在取得一定盈利的同时，最重要的还是为我们的未来提供保障。红双喜是一种非常稳妥的理财产品，适合于任何人。同样，我有一位与您年龄相仿的客户，年初刚有的儿子，一心想为他准备一份礼物，经过精心挑选还是选择了我们的红双喜，作为孩子以后的教育基金。"

客户点点头，似乎认可了小孙的说法："那你详细说说这款保险的具体功能。"

经过进一步交谈，对方终于决定购买。

在短短的对话中，小孙连续运用了两个案例，瞬间改变了客户对保险的排斥态度，激起了进一步了解的欲望。列举实例，远远胜过讲一大堆道理，销售人员在与客户交流时要多准备几个案例，根据谈话的需要随时运用。

除此之外，一个会讲故事的销售人员还需要具备讲故事的能力。很多人在日常生活中非常会讲故事，但是在工作时就弱得多，所以要做的第一步就是学会在商业环境中自如运用在私人生活里讲故事的本事。因此，销售人员首先要培养自己讲故事的能力，选择实例时一定要谨慎，一般来讲要符合以下 3 个原则，如图 8-7 所示。

图 8-7　讲故事的原则

（1）真实性

案例的运用，最基本的一条原则是真实性，即必须是自身实践的总结，不能虚构，更不能任意夸大。然而，有很多销售人员信口雌黄，虚构情节，肆意夸大。名为增加说服力，实际上是在对客户撒谎，这样怎能取信于客户？

可能会有人反问，客户怎么能辨出真假？正所谓"说者无心，听者有意"，当你说出公司的名字或客户的名字时，对方会留意这些信息。进一步想想，如果对方对你的产品比较认可，对方势必会加以求证，倘若如此，你的谎言终有破灭的一天，到那时谎言不攻自破。

（2）代表性

在你的推销生涯中，也许有很多成功时刻，但这些不一定都适合讲出来。这需要销售人员平时多思考、多总结，精选一些经典、有代表性的案例。比如，大家都熟悉的企业或个人，对产品做过重要评价或褒扬的客户，或者是与客户有业务往来的友好企业、合作伙伴等。

（3）指导性

能让客户产生购买的欲望，这才是案例说服的目的，因此，所选案例一定要有启发性、鼓动性。产品到底好不好，在对方听了你的讲述之后必须有所有触动。因此，销售人员在向客户讲述实例的时候，要本着能够打消客户忧虑、为客户购买找到更多心理支撑的原则去选。

真实的案例、故事能最大限度地激起讲述者和听众的情感共鸣，而且能使双方保持一种良性的互动。故事讲完了之后这种联系仍然会持续。此时优秀销售员和普通销售员的区别就出来了，优秀的销售人员仍然可以继续保持这种联系，而普通销售人员则无法做到这一点。

小 贴 士

运用成功事例介绍产品，可以起到事半功倍的效果。但在具体运用时要注意方法，比如，不要一上来就开始讲故事，而是要先揣摩客户的想法，了解对方的兴趣爱好、购买习惯、购买能力等，之后再根据客户的实际情况进行有针对性的选择。

第9章

掌控术，促进谈判有方法

心理较量的核心是"攻心"，做推销也是这样，需要"攻心为上，心战为上"，消除对方的防御心理。销售就是一场心理博弈，是双方心与心的较量。谁能在心理上占据优势，谁就能在谈判桌上占据主动，获取最终的胜利。

9.1 知己知彼，先打一场情报战

因对客户信息缺乏了解而致使推销失败的例子屡见不鲜，对客户了解不够自然很难精准把握。战争中向来讲究"知己知彼"，商业推销同样是一场"战争"，一场信息战，一场心理战。

作为销售人员在"开战"前，必须对客户进行全方位、多角度的了解，从而在运用使能够做到应对自如。

案例

小凡是某房地产中介公司的销售人员，他拜访了一对刚迁入城区的夫妻，并带他们参观了一些楼盘。

见面时，他对这对夫妇说："我们有很多楼盘，户型不同，价位相差也很大。因此，在我们看房之前，我想听听你们的意见。"

"我们对这边的情况一无所知，你先帮我们推荐两套吧。"

得到客户的同意后，小凡开始与他们交谈起来，重点了解这家人的基本情况，比如，夫妻两人的工作状况，有几个子女，都多大了等。

在耐心询问的同时，小凡在笔记本上记下了这些信息。随后，他综合所获得的这些信息，估算出了客户的购买能力，所需房子的户型、大小，以及对周边设施的要求。

根据这几点判断，他挑选出3套比较适合的楼盘，这些楼盘无论是硬件还是软件，都与客户的需求基本吻合，离客户的工作地点都比较近，附近的学校、商场、超市等各种设施也比较完善，社区还有很多和他们子女年龄相仿的小孩。

这对夫妇经过反复权衡，欣然从中选择了一处。用这样的方法，小凡先后卖出了许多楼盘和户型，其中的诀窍是：不能只了解房子，还要为客户着想。

要想更快、更好地达到推销目的，就必须事先对客户信息有足够了解。正如案例中的小凡，正是因为在推销前对客户的情况有了更详细的了解，才准确把握客户的需求，在极短的时间内获得了客户好感和认同。

信息就是商机，买卖双方谁先掌握了信息，谁的信息准确及时，谁就会赢得主动，赢得先机。销售人员与客户打交道，首先要掌握客户更多的资料，以及时、准确地把握客户需求和心理。

那么，在搜集客户资料时应从哪几方面入手呢？可从以下 3 方面入手。

（1）了解客户资料的类型

客户资料包括基本资料和非基本资料，基本资料有客户的姓名、联系方式、脾气喜好、个性特点、购买心理、职业等。比如，与一位客户谈判前，当你掌握了客户的这些基本情况之后，约见时就可以迎合客户的爱好和兴趣，从而找到共同语言，这样交流起来就不会显得过于生疏。尤其是在了解了客户的职业经历、奋斗历程之后，对方会感到你很关注自己。

掌握客户的基本资料为接下来的推销产品、洽谈业务环节奠定了坚实的基础。除了解客户的基本资料之外，还有一些更详细的信息需要了解。比如，需求信息，包括客户有什么样的需求，需求的大小，以及是否有其他隐性需求等。行业信息，如是医药行业还是建筑行业，是团体还是个人，客户群不一样，搜集的侧重点也有所不同。

（2）了解客户资料的搜集渠道

客户资料可以为我们做推销提供很多有价值的信息，但是市场处处有竞争，信息也变得愈发隐蔽，因此，如何在有限的时间内获取客户信息也是销售人员的主要工作内容之一：

资料搜集的渠道一般可分为直接和间接两种，具体如表 9-1、表 9-2 所列。

表 9-1　直接渠道类型

通过客户调查，包括面谈、问卷调查、电话调查、视频截取等
通过正常营销活动、业务往来，这是最主要、最普遍的一种方式，在与客户接触的过程中直接获取

续表

通过博览会、展览会、洽谈会获得。各行业、各地区都会不定期举办各种展览会，皆是有很多客户参加，销售人员可以根据自己的需求参加这些会议
通过网站或呼叫中心，这是一种新的获取客户信息的方式，根据注册信息，来电记录可有效获得客户的基本信息

表 9-2　间接渠道类型

搜索引擎	如今网络资源十分发达，动动你的手指，信息尽在指尖。比如，企业网站、新闻报道、行业评论等等，信息量大，覆盖面广泛。局限在于可参考性不高，需要精心筛选方可使用
权威数据库	很多数据库由专门的数据公司建立，往往是在专门搜集、整合和分析各类客户的基础上建立而成，一般来讲，这类企业都可为营销行业提供大量的数据列表
专业机构	国家或者国际相关机构发布的行业信息、企业信息，比如，工商行政管理部门、国内外金融机构、国内外咨询公司，以及市场调研公司等发布的公开信息，都是可供参考的重点，对企业销售具有重要的指导作用
专业网站	很多是免费的，各行业内部或者行业之间为了促进发展和交流，往往设立有行业网站，或者该方面技术的专业网站
老客户	你的老客户也会很了解其他客户的信息，可根据同老客户的关系，获得相同行业或者相关行业的一些信息
客户企业	同行业之间会有更多的相似之处，因此，你的客户企业也会为你提供同类企业相应的必要信息
竞争对手	让对手开口告诉你你的客户信息

从多个渠道收集我们所需要的信息，是保证信息全面的有效方法，因为客户信息对我们后面的专业判断影响甚大，因此要严格认真地对待。

（3）建立客户资料档案

客户档案是企业营销管理的重要内容，是做好推销工作的重要基础。信息收集后为便于及时回复和节省时间，要进行归类、整理，使收集的各类资料最大限度地服务于产品的销售。具体来讲，建立客户档案的方法有 3 种，如图 9-1 所示。

建立客户档案卡	对客户进行分类	对客户进行分析
为了保管、查阅方便，必须建立客户档案卡（又称客户卡、客户管理卡、客户资料卡等），这是对客户进行高效管理的基础	利用已掌握的资料，根据不同的标准，对客户进行科学、合理的分类。比如，按照客户的购买意向、年龄、地区、获取时间等分类	根据客户分类，对其来源、构成以及特点进行分析，以全面把握客户基本状况，确定营销重点，制定切实可行的营销方案

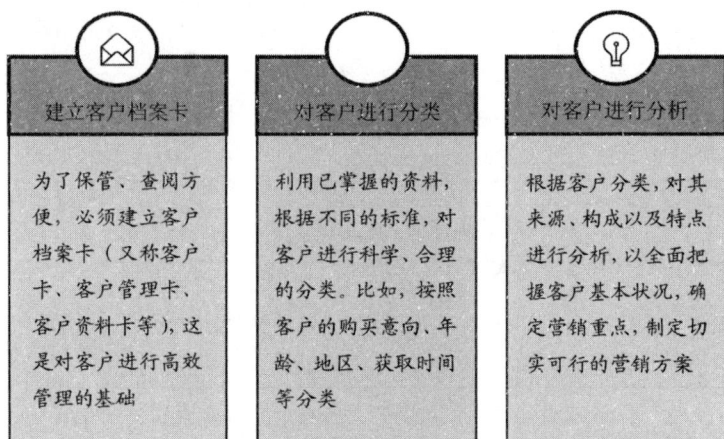

图 9-1 建立客户档案的方法

建立完善的客户档案管理系统和客户管理规程，对于提高营销效率，扩大市场占有率，与交易伙伴建立长期稳定的业务联系，具有重要的意义。

小贴士

> 做销售离不开掌握信息，销售人员要有"千里眼""顺风耳"。在推销产品之前，要通过各种途径，多收集客户信息，并建立客户资料档案，只有掌握更多，更准确的信息，才能制定有利于自己的推销策略。

9.2 谈判前对客户需求进行大摸底

不了解客户需求就很难做好推销工作，有很多销售人员，沟通能力非常强，但业绩却不好。主要问题是他们的沟通工作，仅仅是在进行一种产品的销售，并没有针对客户需求进行沟通。客户为什么会购买我们的产品？还不是因为有需求。换个角度讲，正是有某种需求才会去购买。在销售过程中，要想让自己的工作有效，就必须先明确到客户需求，之后，根据需求开始推荐产品。

所以，销售人员需要先对客户需求进行完整、清楚的了解，并且明确地表达出来。我们来看下面的案例。

案例

一天，老太太去市场买水果，她来到第一家水果店，问："有李子吗？"

店主见有生意，忙迎上去："您看我这李子又大又甜，还很新鲜！"

老太太一听，摇摇头，转身就走了。

老太太来到第二家水果店，又问："有李子卖吗？"

第二位店主迎上前去说："我这里李子有酸的，也有甜的，您想买酸的还是想买甜的？"

"给我来一斤酸李子吧。"

老太太又来到第三家水果店："有李子吗？"

第三位店主说："我这里是李子专卖店，各种各样的李子都有，酸的，甜的，您要哪种啊？"

"给我来一斤酸李子吧。"

店主感到很奇怪："大多数人都喜欢要甜的，您为什么要酸的呢？"

老太太："最近我儿媳妇怀上孩子了，特别喜欢吃酸的。"

"哎呀，那要特别恭喜您老人家快要抱孙子了！您儿媳妇有您这样的婆婆真是天大的福气啊！"第三位店主忙说。

老太太听他这么一说也很开心，忙说："哪里哪里，怀孕期间当然最要紧的是吃好，胃口好，营养好啊！"

"是啊，这怀孕期间的营养十分关键，不仅要多补充些高蛋白，听说多吃含维生素丰富的水果有利于胎儿发育！"

"是啊，那你知道哪种水果含维生素更丰富吗？"老太太问道。

"我从书上看到猕猴桃含有丰富的维生素！"

"那您这儿有猕猴桃吗?"老太太忙问。

店主笑呵呵地说:"有啊,您看我这进口的猕猴桃,个大、汁多,含维生素多,您要不先买一斤回去给您儿媳妇尝尝?"

这样,老太太不仅买了一斤李子,还买了一斤进口的猕猴桃,而且以后几乎每隔一两天就要来这家店买水果。

从这个案例中学习到的成功要点:客户需求要认真去挖掘,去发现。第一位店主在不了解老太太需求的情况下,盲目推荐又大又甜的李子(事实上是要酸的),结果遭到拒绝;第二位店主虽有了解,但没有进一步挖掘,结果只卖出了一部分(目的达到了,但没扩大销售);只有第三位店主充分了解了客户需求,不但让老太太买了酸李子,还买了猕猴桃。

因此,在进行推销前,销售人员必须花大量的时间和精力去了解客户的需求。然后,根据不同的需求进行有目的、有计划的推销。只有对客户的状况进行分析,明确客户需求之后,比如,客户有什么需求,需求有多大,以及是否有特殊需求等,才能制定出针对性更强的销售方案。那么,如何来了解客户的需求呢?

(1)重点了解客户需求的两大方面

考察客户的需求并不是越全面、越深刻越好,而是要有所侧重。重点包括两个方面:一方面,客户有什么样的需求;另一方面,客户需求量有多大。根据这两方面就能分辨出哪些是真正有需求的目标客户,哪些并非目标客户。

一旦认定客户在某方面有需求后,销售人员就应该侧重去了解第二个方面:客户的需求量有多大。只有对客户需求的大小进行正确评估之后,才能进一步确定采用什么样的沟通方式。如果客户的需求量非常大,我们就可以在报价方面做出调整;如果客户的需求量很小,就要认真考虑成本与利益之间的关系了。

(2)客户是否有某些特殊需求

在购买产品的过程中,除了正常范围之内的需求之外,有很多客户还会提出额外特殊要求,这些"特殊"要求往往超出销售人员承受范围之内,难以满足,这时应该采取措施,比如向客户推荐同类产品,或者说服客户放弃某些需求或降低某些要求。总之，销售人员千万不可对客户的特殊要求置之不理，视而不见。

挖掘、分析客户的特殊需求，在整个销售活动中具有十分重要的作用。这样做的好处是除了保证销售人员对客户有足够的了解外，还有利于及时甄别客户的类别，以便更快地调整应对策略。因此，在向客户推销产品之前，一定要多方了解他们是否有特殊需求。

（3）客户需求与购买之间的关系

在确定客户有明确需求之后，另一个问题必须确定下来，那就是客户是否有最终购买权。这一点非常重要，很多有需求的客户对产品十分满意，有明确的购买意向，可就是没有拍板的权力，最终使得双方不欢而散。

所以，了解目标客户是否有购买权是不可忽视的一个内容，当确定目标客户确实有购买决策权时，销售人员就可以把话题引向实质性的推销。否则，应该重新决策，想办法找到真正具有购买决策权的人，然后再寻找合适的时机进行沟通。

小 贴 士

只有充分了解客户的需求，才能更好地进行推销。在与客户沟通的过程中要尽量全面地了解客户的需求，包括决策权、支付能力及信誉等，以此来甄别客户购买的可能性。这将大大减少后续谈判中遇到的障碍。

9.3 以"势"压人，牢牢把握场上主动权

在谈判中，有时候一个大胆的计划，一种奇异的构思，配以虚张声势的行动，往往能收到意想不到的良好效果，有利于抢占谈判的主动权，最终达到"以弱胜强"的目的。作为一名优秀的销售人员，在谈判开始的阶段就应该表现出主动性，以最好的状态投入到与对方的谈判中，牢牢地掌握谈判的局面。

案例

A公司向B公司提供电脑配件，B公司财大气粗，仗着在资金、技术方面的优势进行不平等的交易，起草的合同全部是单方面对自己有利的内容。

比如："B公司向A公司所发出的订单，在A公司送货上门之前，可以随时取消。"这是完全不公平的，A公司是根据B公司订单制作配件，在配件加工好之后，如果B公司有权单方面取消，将会给A公司带来巨大的损失。

除此之外，还有两处条款明显对A公司不利。鉴于此，A公司原本打算放弃与B公司继续谈判，但是负责人林先生站出来支了一招，凭着这一招反败为胜，以弱胜强。

具体是这样的：林先生暂时先答应B公司的条件，在签字之前突然提出自己的意见："此合同有很多不合理之处，我建议咱们共同商量，再作修改。我认真思考过了，有10处需要修改。"

林先生的要求大出B公司代表的意料之外，他们直接被打了个措手不及，怎么也没想到林先生会如此做。当然，B公司予以反驳："你的要求不能答应……"

尽管他们说出很多理由，但总是显得那么苍白，因为整个谈话的主动权已经掌握在林先生手中。

在接下来的谈判中，林先生在其中七处不是特别重要的内容上逐渐放弃，争取了更大的主动。只是对那三项坚持不懈，经过一番努力，对方终于答应修改这三项。

在这个例子中，林先生的"高起点"策略很有效，他不但没有恳求对方让步，反而更加强硬，直接提出合同有多处需要修改。事实上，必须修改的只有三项，其他七处不是很重要，为了在谈判中更有主动权，林先生连同其他一些不太重要的要求一起修改。

高起点策略就是一种以势压人，这种"势"是虚张声势。我方只是一家小企业，而对方却是一家大型企业，理论上根本没有谈判的余地。现在看来，谈判桌上，不管对自己如何不利，都要从容不迫地进行谈判。如果你一开始就表现出弱者的态势，将会助长对方的气焰。

在商业谈判中，强者一方，无论是戴尔电脑、沃尔玛公司，在与弱势一方进行商业往来时，一般都会准备好对自己有利的合同，要求弱势一方全部接受。在这种困境中，只要我们表现得有自信，有魄力，有足够的智慧，敢于迎战，就有可能得到满意的结果。

在进行谈判时，最好忘记自己的被动局面。哪怕只能有一点帮助，也会让交易向对自己有利的局面改变。那么，如何来做到一上来就能以"势"压人呢？可以从以下 3 个方面入手，如图 9-2 所示。

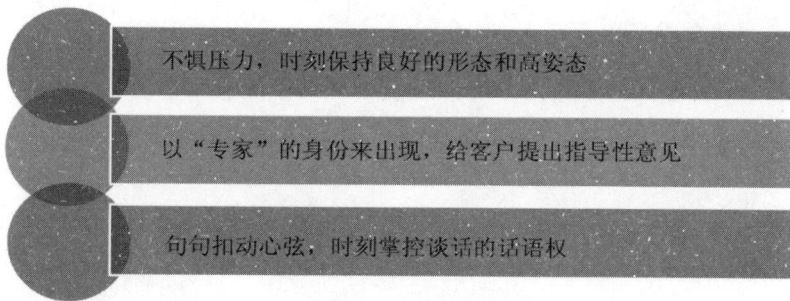

图 9-2　把握主动权的方式

（1）不惧压力，保持高姿态

谈判取胜的关键就是心态，保持一个良好的心态，既能为自己进一步采取行动提供强大的内心支持，也能向对方展现自己的精神状态。然而，这一点很难做到，不少销售人员都会被来自场内外的巨大压力折磨得几近崩溃。再加上客户故意施压，提出很多过分的要求，销售人员更是无所适从。

遇到这种情况，销售人员不能自慌阵脚，而应充满自信，坚持谈判原则，耐心周旋，必要时还要提高自己的要求。

（2）用"专家"的身份来谈判

经验告诉我们，当人在某方面是外行时，都喜欢寻求专家解决。专家体现的就是专业性，只有在某方面有超强专业能力的人，我们才喜欢称其为"专家"。

销售人员也是某产品的专家，因此，为提高自身的权威性，在与客户谈判时一定要体现出自己的专业性，以"专家"的心态来做专业谈判。

专业性不仅仅体现在心态上，更主要的是要有专业知识，以及专业解决问题的能力。对于销售人员来讲，提高自己内在的专业性才是制胜法宝。

（3）掌控谈判的话语权

话语权就是主动权，谈判时要想掌握场上的主动权，就必须有充分的话语权。掌控话语权是一种能力，即控制舆论、气场的能力。话不在多，但却要句句扣动心弦。就像那些优秀的演讲家，短短几句铿锵有力的话，就足以振奋人心。销售人员在谈判时也要具备这种说话技巧，善于掌控话语权。关于如何快速地掌握场上的话语权，我总结了以下5点。

① 提前了解谈判的主题、目的，以及谈判对手的基本情况。

② 用心倾听，认真观察对方的语言、动作、眼神等每一个细节，了解对方内心的真实想法。

③ 不要掺入过多的私人感情，用局外人的思维去思考客户的动机与立场。

④ 对于对方提出的异议，多提出几套解决方案，并与对方商议，找出对方能接受的条款。

⑤ 一切以"三赢"，即公司赢、客户赢、自己赢为出发点与目标，而且永远不要把自身的利益放在首位。

小 贴 士

谈判目的是让"双方或多方思想趋同"，然而双方多方的势力往往有很大差异。势力的失衡势必会产生分歧和矛盾，从而导致各自心理产生变化。优秀的销售人员要做的是尽量缩小这种心理差距。

9.4　循序渐进，让客户逐步接受你

通常来讲，谈判会涉及多个议题，在谈论每个议题时，要避免把所有的问题全部提出来，最好的方法是循序渐进，逐一进行。比如，先提一些意见分歧不大的，随着会谈的进展，再解决难度较大、分歧较大的问题。

说话要层次分明，主次有序，循序渐进地灌输给对方，目的是让其听明白，接受起来更容易。由易而难、由小而大，这种循序渐进式的谈话方式是一种策略，符合一般人考虑问题的思维习惯和心理状态。

案例

小章是某公司的销售代表，他的沟通能力非常强，销售经理很信任他。

销售经理正在召开总结会议，经理问："小章，你有什么话讲吗？"

"王经理，您也知道我那个区域的情况，我们公司刚刚进入那片市场，再加上这个月的任务比上个月多出一倍，可能比较难完成。"小章说。

"我认同你的想法，我想不只你一个人认为任务很高，没有市场。但作为推销员，大家要明白我们存在的意义，我们存在的意义就是不断解决销售上的困难。任务很高，但这个毕竟是任务，只要是任务我们就必须完成！"

小章："我理解您的说法，但是有一些客观问题还是可以解决的，比如我们的促销资源和费用都比较紧张……"

经理："关于这个问题，我会向公司申请，但大家也要清楚，公司最近资金很紧，费用也不会有很多。还有问题吗？"

最后小章还对王经理的这次会议做了一个表态式的结论："我知道了，公司资源尽量多投入，但任务就是任务，我一定努力完成。"也因为这个结论，王经理对小章更有好感了。

小章面对上司，说话有步骤，有条理，逐步深入，让经理逐步接受了他的请求；

如果小章一上来就要求增加促销费用等，那么经理可能会拒绝。在推销过程中，面对客户也一样，从初次会面时候开始，直到最终目标的实现，与客户的交涉也要循序渐进。

首先要谈论一些与产品无关的话题，提起对方的兴趣。当对方对你产生一定兴趣的时候，再开始询问最近的销售情况。对方可能抱怨公司的支持不够多，趁此机会正好提出促销计划。逐步地了解客户需求，要求其多订购产品。最后，引导对方自己做出结论。

最好的方法是采取循序渐进的谈话方式，让客户逐步地去接受你的产品。这个过程具体可分为3个阶段，如图9-3所示。

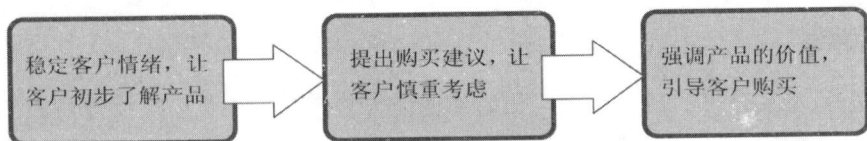

稳定客户情绪，让客户初步了解产品 ⟶ 提出购买建议，让客户慎重考虑 ⟶ 强调产品的价值，引导客户购买

图 9-3 让客户接受产品的三个阶段

第一阶段：稳定客户情绪，让客户初步了解产品

面对陌生的推销员，不太了解的产品，在整个交易过程中，客户都会处在一个怀疑、顾虑的状态。有些客户甚至是在坐等你这个销售人员来劝，来说服，拿出足够的理由来使他购买产品。这时，销售人员该怎么做呢？千万不可直接要求对方购买产品，而是要先稳定客户的情绪，比如，说一些客套话，或者一些更轻松的话题，中间可以穿插一些产品的知识，首先让客户对你或你的产品有一个初步的认识。

第二阶段，提出购买建议，让客户慎重考虑

当客户对产品有了一个初步的了解之后，这个阶段应该将有关产品的销售说明中的重点讲给客户听。这样做的目的是要让客户对产品的优点及价值有个更加深的了解，让客户获得更充分的产品情况来决定购买。在这个阶段，不仅对客户要作口头说明，必要时需配合文字说明、图表、幻灯等其他销售方式。

第三阶段，强调产品的价值，引导客户购买

当客户在态度、感情上有了购买打算时，他的购买欲望便会逐渐升高。这个时候，销售人员要根据对方需要再次引导，强调产品价值。如果你自认为已经大功告成，对客户视而不见，对方的这种购买温度便会逐渐冷却，甚至消失，良机错过。如真遇到这种情况，即便你再多作说明，怕已为时过晚于事无补了。

在销售过程中，销售人员首先应该做的是了解客户对产品所持的态度，当对方对产品有了进一步认可之后再挖掘需求，最后根据需求有针对性地推销。

客户心中通常都会对销售人员有一定的戒备之心，因此，销售人员在提出购买要求前必须先取得对方的信任。

小 贴 士

销售人员在向客户介绍产品时，他们内心处于一个非常矛盾的状态，患得患失，即使他口中问着有关产品的种种问题，但仍有反悔的可能。这种情况下，销售人员应当停止解说，向客户提出一些问题，让他表达自己的意见。

9.5 对比效应，在对比中实现优势凸显

心理学上有一个对比效应（contrast effect），又叫"感觉对比"。指的是，同一事物因背景不同，会产生感觉上的差异。比如，同一种颜色，把它放在较暗的背景中显得明亮些，而放在较亮的背景上看起来就暗淡些。

这种心理学效应说明一种常见的现象：两种或多种不同的事物同时或相继呈现，比它们各自单独呈现出来的效果要好。当客户对产品存有异议较大时，销售人员也可以把自己所推销的产品与同类产品做个比较，让客户从对比中看到你

的产品的优势。

案例

小秦是某家具城的推销员，一位客户欲买衣柜，在看到标价时就准备离开。这时，小秦主动走上前问："您好，想了解这款家具吗？"

客户："为什么比别处贵那么多啊？"

小秦："相信您来这前也了解过很多，我建议您详细了解一下我们柜子与别处柜子的差别。"

客户："从外观来看，没有什么不一样啊。"

"外观基本相似，但木料、做工都是非常有讲究的。"说着，小秦拉着客户来到一款大型组合柜前，"您看，这款柜子的尺寸是……比其他的要深，要大，至少要大出100毫米。您再看，这些拉门……"

客户不住点头，小秦继续说："另外，我们这里的组合柜还配有暗锁，便于存放一些较贵重的东西。这个功能是同类产品所没有的。这一比您就知道我们的柜子为什么贵了，多花点钱是值得的，您说呢？"

相比之下，客户的犹豫态度也弱化了很多，最后直接购买了一套。

在整个推销过程中，小秦从头到尾采用的是对比策略，无论是共有的还是特有的，都进行了一系列的对比，从而让客户清晰地认识到产品的优势所在。

在日常推销中，经常遇到这样的客户，总爱拿你的产品与其他产品对比，说"某某比你这里便宜"，这样做的目的就是希望你能像对方一样更便宜，更实惠。对比，是应对这种客户最有效的方式，向对方传递一种"物有所值"的信息，意在告诉对方"我们的产品是最好的""我们的产品是值得信赖的"。

而大多数销售人员怎么做的呢？经常会不客气地说"一分价钱一分货"或者"哪儿便宜去哪儿买去"。这是非常不可取的，正好上了对方的当。遇到这样的客户，正确的做法是，利用他们善于对比的心理去进一步分析，让他意识到其中的对比关系。

对比法是一种非常有效的促销方法，那么，如何进行比较才能更有效呢？

这需要掌握一定的技巧。

（1）事先确定选择对比对象（参照物）

我们都知道，任何事物进行对比都需要有明确的参照物，只有以某个参照物为对比标准，才能实现对比的意义。

销售人员在拿自己的产品同其他产品进行对比之前，一定要先确定一个对比的对象，是 A 产品，还是 B 产品，一定要明确，甚至是该产品的品牌，生产厂家，生产日期等等都要明确地提出来，这些关键的字眼会让客户折服。有很多销售人员忽略了这一点，或者没有明确的参照物，或者随意捏造一个，这容易给客户造成不可信的坏印象。

（2）根据客户需求确定对比的方式

在进行对比的时候，需要掌握对比的要点，一是要明确产品的对比点，比如是价格、质量、还是性能，必须先确定下来；二是对比方式，要在同类产品之间进行，不同类的产品没有可比性。

根据上述两个对比的要点，可以确定对比的方式，通常来讲有以下 4 种形式：

突出档次：高、低档产品的比较；

突出技术：普通、特殊产品的比较；

突出风格：中外、新老产品的比较；

突出品牌：不同品牌产品的比较。

小 贴 士

很多客户看到价格便会做出片面的判断，很少去分析产品的内在价值。这需要销售人员帮客户去对比分析，通过对比突出产品在设计、性能、声誉、服务等方面的优势，从而将客户关注点由"表面"转移到"内在"上来，以化解客户的异议。

9.6 主动示弱，以退为进争取客户的认可

谈判中，销售人员与客户双方时刻在围绕着"谁肯让步"进行着一场博弈。有人会认为，销售人员如果能主动示弱，做出让步，成交就会容易得多，而且作为销售人员，就应该多为客户着想。

每个人都喜欢表现出自己强势的一面，但有时候硬碰硬并不是最好的方法。换个角度想想，适当地示弱，同样可以获得对方的认同。在谈判中有一个细节不可忽视，那就是相互妥协，这也是谈判活动中的一个重要技巧。

案例

美国一家大型航空公司欲新建一座航空站，于是与该土地所有方进行磋商，当一切都基本敲定时，价格却成了横在双方面前的唯一障碍。航空公司无意提高价格，土地所有方也坚持不降价，谈判一度陷入僵局。

几天后，航空公司派出代表罗伯特再次与对方谈判，要求灵活处理此事。这次罗伯特没有执意要求对方降价，而是做出了让步，主动向对方做出一项承诺：航空站建成后，保留对方在该土地上的部分投资活动，对于其收入，航空公司一概不介入。

对方在斟酌之后并没有马上答应，罗伯特见状不得不提出中途停止谈判。

其间，土地所有方有人提出接受航空公司的建议，放弃土地涨价的要求。因为他们已经清楚地认识到，航空公司给出的价格虽然较低，但最后提出的其他合作项目有巨大的利润空间，两者相比后者更具有诱惑力。

最后，土地所有方接受了航空公司的提议，表示愿意以原有的土地价格转让，双方终于成交，在合同上签了字。

我们总是看到这样的情况，当谈判陷入僵局相持不下的时候，都是一方强求另一方答应自己的要求。其实，很多时候，退一步、转个弯、绕个路也是非常好的策略，就像例子中的罗伯特一样，主动让出一部分利润，最终换得了一纸亿

元合同。

"退一步，海阔天空"，后退是为了更好地前进，犹如拉弓，有张有弛，张弛有度，才能射得更远，过度拉弓弦就容易断。与客户意见不一时，与其争得面红耳赤，不如退一步平心静气地与对方谈话。优秀的销售人员在遇到难以攻下的客户时，首先想到的是自己先做出让步，比如，在保证利润的前提下，在价格方面做出让步，或者根据双方的诉求共同解决问题的折中方式等。

说软话并不是完全意义上的妥协，而是一种谈判手段，如果说得得当，将有利于实现双赢。因此，说软话也要讲求方式方法，方法得当才能让客户信服，甘愿接受你的意见。

（1）话软心不软

说"软"话，主要是通过巧妙的话语示弱，但是在气势上千万不能表现得过弱。在说软话的同时，要注意弱与强之间的关系，示弱只是手段，示强才是目的。就像例子中罗伯特在主动让步之后，见对方没有答应，立即退出谈判，意在向对方施压，这样，也促使对方尽快下决定。这种情况下，如果你仍在好言相劝，希望接受这个条件，可能又是另一番情景，因为你在气势上就被对方压住了。

（2）择机而说

说软话策略，由于往往是自己先主动退出，所以这也为接下来的谈判埋下了一个隐患：容易被对方抓住把柄趁机而入。因此，示弱需要选对时机，不宜早也不宜晚，过早的话客户会进一步提高对你的期望，得寸进尺；过晚的话，又会给对方留下没有诚意的感觉，使自己很被动。

一般来说，以下5种情形下说"软"话更有效，如图9-4所示。

（3）讲究对等性原则

有的人在谈判中，盲目地认为只要己方做出让步，对方就会买账、认可，事实并非如此。这也是我们常说的对等性，指的是避免单方面地做出让步，你做出的每一个让步都要以能获得认可为前提。例子中，罗伯特之所以敢提出"保留对方的部分投资活动"，是因为要求对方土地价格保持不变。试想，如果没有这一条，任何让步是没有意义的。

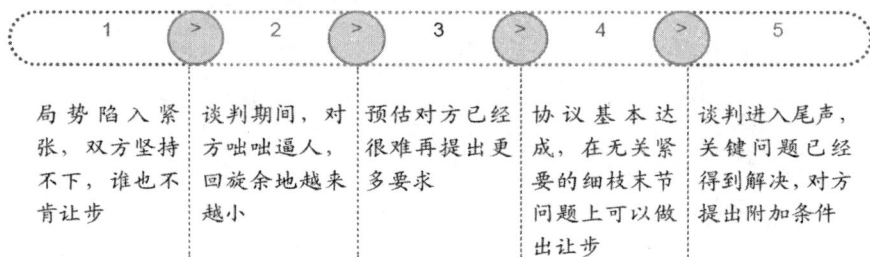

1	>	2	>	3	>	4	>	5
局势陷入紧张，双方坚持不下，谁也不肯让步		谈判期间，对方咄咄逼人，回旋余地越来越小		预估对方已经很难再提出更多要求		协议基本达成，在无关紧要的细枝末节问题上可以做出让步		谈判进入尾声，关键问题已经得到解决，对方提出附加条件

图 9-4　说"软"话的 5 种情形

（4）讲究适度原则

　　在谈判中，为了掌握全局，要随时注意自己让步的次数和程度。有的销售人员做了让步后想要反悔，又不好意思。其实，这正是没有给自己留有余地的后果。做出让步千万不要过快或过多，以免对方不买账。

　　比如，报价的时候，一定要留有讨价还价的余地。你可以将价报高些，买主出价会低些，当然必须在合理范围内。或者适时地隐藏自己的要求，让对方先开口说出他所有的要求，然后根据对方的要求去适时地让步。

小　贴　士

　　在遇到难以攻下的客户时不要一味地强攻，而是要学会暂时撤退，以退为进，迂回前进。值得注意的是，让步并不是盲目地让。做出让步前，要摸清对方的真实意图，知道让步之后能获得什么样的回报。

9.7 集中优势，主攻核心用户

团队谈判是令销售人员非常头疼的，人员的复杂性增加了谈判的难度。人员一多，就容易产生分歧，更重要的是，很多销售人员无法找到核心人物。

一个谈判团队，通常都有它的"核心人物"，即主谈人，首席谈判官。团队的核心人物往往由那些有能力、有魄力、有购买决定权的人担当，他们是谈判中的主要发言人，掌握着谈判的生杀大权。因此，抓核心人物是"关键"，问题是如何迅速判断谁是这个团队中的"核心人物"。

☆ 案例

张华是某装饰城一名推销员，负责向用户、施工单位推销该公司生产的装修材料。他连续跑了好几家准备建楼的客户，他们都称有直接供应点，明显对上门推销的陌生材料疑虑颇多。尽管有少数人也感兴趣，但是谁也不敢轻易先试用。

张华注意到，客户之间相互观望，谁也不首先使用，如果有一人率先购买，自己产品的优势就会显现出来，其他人也就会纷纷效仿。

于是他决定集中优势，先拿下这里最大的施工单位S建筑公司。中午吃完饭，张华直奔该厂。为了慎重起见，他先跟门卫聊了起来，按照自己的经验，门卫多半是消息灵通人士，从他们口中可以得到不少内部消息。

张华充分发挥了自己的交际能力，不到半小时就与门卫谈得热火朝天，并不失时机地联络感情。之后，门卫便悄声告诉他，这里的经理刚上任不久，并且很年轻。由于年轻气盛，有点好大喜功，为了搞点业绩，匆匆地操持这个小城镇建设，现在正在招兵买马筹集资金。这几天有很多家原材料供应商找上门谈合作的事，但似乎都没成。

得到这些情报以后，张华果断取消了立刻去见镇长的决定，而返回了厂子向厂长汇报这一情况，并请求将价格降到最低点，为了让该公司起个带头作用，希望在适当的时候先赊货给他们。在听了张华的汇报之后，厂长搞清了来龙去脉，同意了这个请求。

第二天，张华带着详细的分析资料和样品直接来到客户办公室，并提出可以按照对方要求先供货后付账，从而获得了客户同意。

获得了当地这个最大的客户后，张华的名声逐渐响亮起来，半年后，很多施工单位开始主动上门找他。

找准关键用户才能确保每句话、每一个决策发挥最大效用，这就像打靶只有射中靶心才最有效。例子中张华的例子就是一个典型，在撒网钓鱼式的推销无效时，改变推销策略，集中力量主攻当地最大的施工单位。由于对方在当地的影响力较大，一旦被该客户认可，其他必然会纷纷效仿。这就是擒贼先擒王的道理，当你把贼王擒住之后，下面的小喽啰自然会臣服。

谈判往往会局限在一个有限的时间内，我们不能眉毛胡子一把抓，没重点，没针对性。那么，销售人员如何迅速找到对方的"核心人物"呢？一般有以下3个步骤。

（1）做好调查工作

接触客户的关键人物是调查客户的基础。一般来讲，关键人物是指有需求的、有决定权的、掌管财政的人。通过接触客户中的关键人物，推销员可以获知该客户的真实状况。有些推销人员容易陷入一种沟通陷阱，把时间浪费在自己感兴趣的人物身上，把对方当作关键人物对待，这是非常浪费时间又没有效果的推销方法。

真正的关键人物知道最需要的是什么产品，能否在现在或将来什么时候购买。所以通过对关键人物的调查才能获知客户的需求信息和需求障碍。当销售人员明确拜访对象之后，需要调查潜在客户的下列信息，如图9-5所示。

（2）注意客户的肢体语言

谈判中观察客户的一言一行非常重要，它可以反映出一个人内心的想法，真正的具有购买决定权的人会始终关注你的产品，对你的产品非常感兴趣，会情不自禁地表现出一些动作，在自己的言行中有所体现，比如主动凑上去看，或上身前倾等。

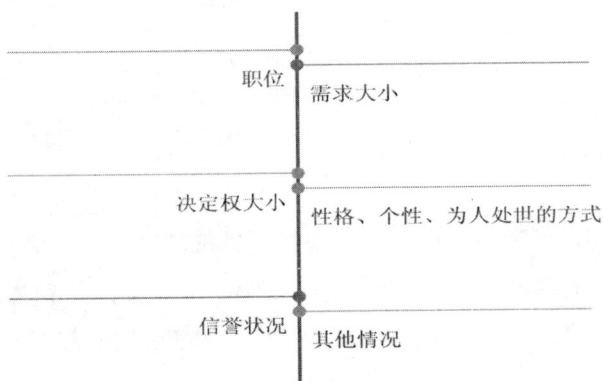

图 9-5　了解核心人物的信息

那么，我们就来了解一下谈判中关键人物常常会表现出来的言行，以及肢体动作等，具体如表 9-3 所列。

表 9-3　谈判中关键人物言行举止表现出来的特征

坐姿	敞开而坐	这类型的人大多具有一定权力，对他人的支配性较强
站姿	双脚平跨与肩同宽	这类型的人很少讲话，但十分有耐心和毅力，态度强硬，不会轻易向对方妥协
走姿	步伐较大但很平缓	这类型的人意志坚定，气定神闲，常常有一种优越心理，这些往往会助他居于主动的地位
笑容	抿嘴而笑	这类型的人对自己的内心不善于表露，但有心机，事事一副"不关我的事"，若无其事的样子，但却最有主见

（3）谈前侦探

只要是正规的企业或团队，都会向外公开发布相关负责人的资料，如企业简介、企业人员、企业组织架构、研究机构、产品的外观和功能等。销售人员在与客户谈判之前，需要多搜集一些这方面的资料，通过企业网站、企业内刊、企业内部资料等来尽可能多地了解对方，从中获得想要的负责人信息。

除了被动搜集，销售人员还可以通过电话、朋友去主动寻找。向客户公司打电话询问是最直接有效的手段。当然，这个不能明目张胆地询问，对方肯定不会透露给你信息。在寻找的过程中要注意方式方法。比如，通过公司总机，然后再找各部门负责人的电话。

小　贴　士

能否找准目标客户直接决定着销售能否成功，在谈判中只有抓住那些有决定权的关键人物，才能提高谈判效率。因此，对于销售人员来讲，在谈判中要更快、更有效地找到关键人物，并与之建立起信任关系。

第10章

定心术，完善售后服务取客心

　　如果你认为客户只有在购买前有顾虑，那就错了，其实，在购买之后顾虑更多。因此售后服务显得更为重要，这往往是对客户心理的一针强心剂。正是这些后续的服务，让客户更满意、更忠诚。

10.1　多做一点点，良好服务培养忠诚的客户

德国大众汽车公司流传着这样一句话："第一辆汽车是销售人员卖的，第二辆、第三辆汽车都是服务人员卖出的。"为什么这样说？这主要是强调"服务"在推销中的重要性。

良好的服务是培养客户忠诚度的重要方式，任何一名优秀的销售人员都应该明白，良好的服务才能提高客户的满意度，提高客户的忠诚度。

案例

小林是某商场一名普通的导购，每卖出一件产品他都会让客户填一张表格——贵宾满意统计表。上面写着："在阁下即将踏出我店前，为了给您提供最好的服务，请协助我们填写一份贵宾满意统计表。"

趁此机会，他会向客户介绍产品在使用过程中的注意事项，以及其他售后问题。如果客户对产品满意就会表达感谢，下次光临；如果客户提出意见和建议，他还会耐心解释，积极地去解决，直到客户满意为止。

原来，这个表格并不是公司的硬性要求，而是他为了提高客户满意度自己独创的。一开始，同事们都不理解他的行为，被认为是"多此一举"，何必为自己找麻烦呢。

他的这种做法一段时间后就有了效果，小林的业绩在所有导购里连续几个月都是最突出的，这个被看作"多此一举的行动"引起了领导部门的注意。原来，正是一张小小的表格提高了客户的满意度，很多客户不但不会觉得麻烦，而且主动提出自己的意见或建议。时间一长，客户对他的服务大加赞赏，也喜欢到他那里去购买。

一年后，他成功晋升为店长，又将这一方法教会了他手下所有的店员，他们的店成为公司的全国明星销售店面。

小林无非是比别人多做了一点点，就获得了其他人无法企及的成就。"多做

一点"对客户来说是非常必要的，不要轻视这个小举动，正是一张表格大大地提高了客户对销售人员以及企业的满意度。

完善的服务和业绩的提升是相辅相成的，在服务上提高一个档次，销售业绩可能就会提升十倍。服务，是销售活动中一个重要环节，在服务上多做一点点，就能达到事半功倍的效果，何乐而不为呢？因此，作为销售人员必须重视自己的服务意识，主动为客户提供售前售后服务。

然而，这个细节却经常被大部分销售人员所忽略，或者是被误解。那么，如何来为客户提供更好的服务，令客户更满意呢？销售活动中服务通常分为两大部分，即售前和售后，若想令客户完全满意，必须同时做好两方面的工作，缺一不可。

（1）售前服务

由于尚未进入产品推销实质性的阶段，因此售前服务主要体现在态度上，也就是说，要尽量表现得热情大方，自然坦诚，让客户心甘情愿地接受你。

①端正态度。态度永远是服务中不可分割的一部分，客户接受了你的态度，才可能接受你的产品。作为销售人员，首要的任务不是如何把产品推销出去，而是懂得尊重客户，理解客户，让客户从心理上接受你。

②真诚坦白。坑蒙拐骗是商业活动中存在的一种顽疾，这也使得客户对推销产生了不少误解。推销是一件非常严肃的事情，既然你决定向客户推销，就要负责任，把最有用的信息告知对方，帮助客户做出正确的选择。不要隐瞒事实，蒙混过关，有任何欺骗、欺诈行为。

（2）售后服务

推销活动中，狭义上的服务指的是售后服务，售后服务是整个推销过程中不可或缺的一部分，也是客户最为关注的一部分，很多客户之所以购买你的产品就是看中了完善的售后服务体系。

①让客户充分了解售后服务。对于客户来讲，并不是所有人都能够正确地了解售后服务的涵义，很多人对售后服务理解上有所偏颇，这会大大误导他们。所以，在产品推销出去之后，销售人员有义务协助客户更深入、更系统地去了解

产品配套服务，以及企业制订的其他售后服务。

②做好回访工作。回访是产品推销出去后的一个重要环节，客户购买产品之后，销售人员应该定期或不定期的回访。深度了解客户对产品的使用情况，以及在使用过程中遇到的问题，将会大大提升客户的满意度。此外，通过回访工作，还可以为企业创造无形的价值，提升企业的知名度和美誉度。

③处理好售后问题。产品在使用过程中总会出现这样或那样的问题，客户难免也会抱怨，每个客户抱怨时都不会仅仅是为了抱怨，他们会有所期望，希望维修、退货等等。这都是难免的，遇到这种情况，平息客户的抱怨很重要，而且在现有的条件下要尽量为客户找到解决方案。

小 贴 士

在服务上"多做一点点"，可能只是一句话，或者是一个简单的动作，或者是一个眼神，但却足以改变客户的心理。这些小小的细节对客户心理起着非常大的强化作用，能够加深客户对产品的认可和对你的认可。

10.2　巧用优惠券，多给客户留点念想

我们都有这样的经验，购物后很多商场经常会赠送一些代金券或者打折卡，目的是争取二次消费。同时也是提升服务质量，丰富服务方式经常采用的一种手段，这种方式是符合大多数消费者心理的，毕竟很多客户在购买产品后都希望再次消费时能获得一定的优惠。

如果你推销的产品配有"打折券""代金券"等优惠券，推销员可以利用它们适当地给客户些"优待"，以给客户留点念想，再次来消费。

☆ **案例** ┄┄┄┄┄┄┄┄

某家具导购员小燕，当客户提出优惠的要求时充分利用了代金券的作用，获得了客户的认可：

客户："这款衣服打折吗？"

小燕："这是今年的新款，按照公司规定一律不打折。"

客户："我是你们这老客户，如果优惠得多，以后我会经常光顾。"

小燕："这是厂家的统一价，我可做不了主，不过您不要急，我们公司正在举行一项赠送活动，如果您现在购买可以获得代金券，我们来了解一下好吗？"

客户："好的。"

小燕在介绍促销活动时，着重打出"赠送代金券"这张牌，并告诉客户，这些代金券冲减等值的价格。客户心中顿时感到一丝安慰，认为这样很划算，最后，双方达成了协议。

代金券、打折卡等促销工具，使用得当锦上添花。销售人员小燕就是充分利用了代金券，一方面留住了老客户，另一方面也对产品做了间接宣传。然而，代金券、打折卡的使用是有技巧的，否则不但无法最大限度地体现出它们的价值，而且会让客户产生误解。比如，客户会认为商家是别有用心，产品质量可能存在问题等。那么，销售人员该如何来正确使用打折券、代金券等此类优惠券呢？

（1）先购买后赠送

宣传的核心应该定位在产品上，无论是多丰厚的优惠券，多么诱人的折扣，都是为推销产品服务的。在赠送代金券、打折卡时，要始终结合产品需求、产品特征，巧妙、灵活地使用，只有这样，才能让这些辅助销售的部分增光添彩，发挥它最大的作用。

（2）把赠送变成奖励行为

很多销售人员赠送代金券、打折卡时会有一种错误的心理，认为只要赠送东西、打折就可以打动客户，诱使客户购买。其实不然，现在很多客户非常理性，他们宁愿多花点钱，也不愿意买到价廉质次的产品。

所以，销售人员不要轻易打折，不要让客户觉得你这只是一种促销手段。换一种思路想，既然"折扣""代金券"在客户心中已经形成了一种"让利"方式，如果把这些变成一种"额外奖励"，客户接受起来就会心安理得。

折扣变为奖励，最大的好处是使原来的固定支出变成了可以由销售人员掌控的可支配性资源。这种资源使用方向的调整，会引导客户的消费心理反生转变，从而也会让折扣发挥更好的作用。

（3）奖励要讲究方法方式：先小后大，先少后多

每个人都或多或少的有贪婪之心，永远难以满足。比如，对方在得到 5% 的折扣之后，会想得到更多的 10%；在得到 100 元的代金券后，想得到 200 元、300 元，甚至更多。

如何赠送代金券、打折卡是有学问的，它涉及整个销售的全局。使用不当，反而会影响到正常的销售。这里有一个技巧，即遵循循序渐进的原则，先小后大，先少后多。

小 贴 士

代金券、打折卡的功用是随着产品特征、客户需求而产生价值的，只有把这些综合起来，才能让折扣为产品服务，才能真正地发挥它的吸引和激励作用，最大限度地吸引客户购买。

10.3 帮助客户做好付款这一关

付款，是推销活动中最关键的一个环节，没有回款，销售永远不能称为一个完整的交易。在决定购买之后，付款本应是水到渠成的事，然而，很多客户会在这关键时候节外生枝。

对此，很多销售人员可能有些不解，客户明明已经确定购买，为什么会在最后时刻反悔呢？其实，正是自己的工作做得不到位，比如，没有帮助客户彻底打消购买的顾虑，付款不便利等。总之，任何突发状况都有可能导致销售失败。因此，销售人员一定要帮助客户过"付款"关。

案例

一次，我在商城购买了一台电脑。我这人向来重视售后的服务，当导购员口口声声向我保证售后服务没问题时，我才最终决定购买下来。谁知，付款时忽然发现现金不够，再找导购帮忙才发现对方已经不见踪影。

我："好，我要了，你给我装起来。"

销售人员："先生，总共是899元。"

我："哪儿付款呢？"

销售人员："直走，往右拐，你就能看到收银台。"

我："哦。"

这位销售人员说完就走开了，我好不容易才找到收银台。

我："对不起，现金不够，可以刷卡吗？"

收银员："对不起先生，我们的pos销售终端机出问题了，这几天只能付现金。你可以去提款，出门旁边就有银行。"

我："但是，我不知道怎么走啊，能否陪我一同去呢？"

收银员："不好意思，我不能离开岗位，你找负责接待你那位销售人员吧！"

我："好吧。"

我说完走开，再也没回来。

由于这位导购员的疏忽，使我萌生了退货之意。其实，问题的焦点不在于没人陪我去提款，而是导购员的离去让我感受到了这家商场售后服务无法得以保证。

我的这次遭遇仅仅是一个最简单的付款流程。事实上，在很多时候付款这一环节远远要比这复杂得多。尤其是在对外贸易中，由于常常涉及多个银行，辗转多个部门，办各种各样的手续，销售人员的协作是必要的。

售前、售后巨大的落差会让客户产生较大的心理压力。销售人员要尽量为客户分担，努力为客户提供便利条件。

（1）使客户明确付款流程

小额的付款比较简单，数量小，流程简单，一般来讲，客户自己就能处理；但是在大宗交易中，付款是一项复杂的流程，因此需要销售人员协作完成。在付款之前，明确地告知客户付款流程，包括付款金额，付款方式，需要的相关证件等，确保客户没有异议。

在对外大宗贸易中，付款流程如图 10-1 所示。

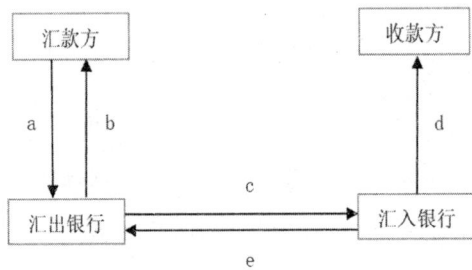

a：汇款人填写汇款委托书，连同款项提交汇出行；

b：汇出行接受申请，出具交款回执交给汇款人；

c：根据汇款申请书的指示，以信函方式通知汇入行向收款人付款；

d：汇入行收到汇出行的信汇付款委托书，验证密押无误后，出具信汇通知书交给收款人，通知收款人取款；

e：汇入行向收款人付款后，向汇出行寄交付讫收据。

图 10-1　大宗贸易付款流程图

（2）辅助客户办理相关手续

比如，购买汽车、办理保险等比较复杂的付款时，很多客户并不知道如何去做，这时就需要销售人员替客户办理，或者协助客户去办理。如果不能亲自给客户办理，最好是将所需相关手续给对方讲清楚。

一般来讲，付款的相关手续因产品的不同会有很大差异，比如，买衣服、鞋子等简单的产品，付款手续无非就是购物单、付款凭证以及发票等；如果是买房、买车，以及外贸中，付款凭证就会比较多，而且每件都很重要。

（3）遇到其他客户打岔怎么办

一对一的服务是最理想的状态，但在高峰期，一个销售人员需要同时服务多个客户。当正在为一个客户提供服务的时候，其他客户要求帮忙该怎么办呢？有很多销售人员误认为客户已经进入付款阶段，索性放下正在服务的客户而转向其他客户。这往往是不可取的，其正确的做法是，先委婉谢绝前来"打岔"的客户，坚持为第一位客户继续服务。

比如，你正在帮助 A 客户付款，B 客户过来："小伙子，帮我……"你可以这样说，"小姐，实在不好意思，能不能稍等一会儿呢，我帮这位先生付款后马上过来。"或者"小姐，实在不好意思，我正在帮这位先生付款，要不为你另找一位服务人员吧。"等。这样的婉拒既不会得罪 B 客户，也不会令 A 客户感到失落。

小 贴 士

付款是推销活动中最重要的一个服务环节，看似微不足道但却起着稳定全局的作用，直接关系到客户内心的满意程度。处理不当，甚至有可能前功尽弃，推销失败。所以，不要因为这个小小的细节破坏了全局。

10.4　稳定情绪，帮助客户解决后顾之忧

不消除后顾之忧永远无法令客户满意。在销售中经常会出现这种情况：即将成交的关键时刻，客户不断地用各种各样的理由来拖延或拒绝。很多销售人员

对客户的这种行为不理解，更不知道对方的真实想法是什么。

其实，拖延和拒绝背后是客户对购买产品后的一种担忧，他们不确定产品在使用过程中会出现什么问题，以及出现问题后该怎么办。这样做的主要目的，就是想借此机会争取到更多的承诺。在了解到客户的这种心理之后，销售人员要想办法消除，以解除他们的后顾之忧。

案例

客户："我从没听说过你们公司，更没合作过，凭什么相信你？"

销售人员："我们公司的确不如那些实力强大的综合性公司，但我们却是最专业的，在业界同样也博得了一席之地。"

客户："什么优势？"

销售人员："王总，我能先提一个问题吗？"

客户："当然可以。"

销售人员："在您与其他企业合作的过程中，对它们最大的不满是什么？"

客户："售后服务！服务和产品质量完全脱节，机器设备一旦坏损，需要维修、更换零件的话都比较麻烦。"

销售人员："对，正如您说的，质量过硬的产品还得配备完善的售后服务。我们公司的最大优势就在于有一支技术过硬、负责任的服务团队。您想，一个新公司要想与那些实力超强的公司竞争，品牌影响力势必要稍逊一筹，因此我们唯一可做的就是完善产品的售后服务。这是我们企业在服务团队建设上的一些资料，有什么意见尽管提出来，咱们共同解决。"

客户拿着资料，点点头，表示认可，同时也答应先从该公司订购一部分产品。

一名负责任的销售人员，坚决不能让客户带着后顾之忧去签单。如果遇到这种情况，当务之急是恢复客户对产品，对企业，对你本身的信任。事例中的销售人员就很好地把握了这一点。他没有去抱怨、责怪客户，而是站在客户的角度充分去体会客户的感受，然后通过实践，消除了客户心中的担忧。

当前，确有缺乏诚信的销售人员为了多推销出点产品不择手段，售前盲目承诺，售后却无法兑现。那么，如何来消除客户的后顾之忧呢？

（1）了解客户存在的问题

多了解客户对产品的态度，尤其是不满意的地方，这样有利于进一步激发客户潜在需求。例如，你可以这样问："您最不满意的地方是什么？"通过直接提问题明确客户不购买的原因，从客户的回答中了解其需求点在哪里。

比如，当你了解到客户对操作程序不太熟悉时，可以通过介绍、示范、亲自操作等方式帮助客户尽快熟悉起来。

（2）向客户提供权威证明，强化客户的购买信心

空口无凭，客户很难相信你的口头承诺。这时，销售人员如果能及时出示一些相关证据，给客户吃颗定心丸让客户彻底放心，成交就有望了。比如，可以列举一些声望比较高的老客户、公司公职人员以及公司的荣誉证书、奖品等，如图 10-2 所示，这些在一定程度上可以起到消除客户不踏实心理的作用。

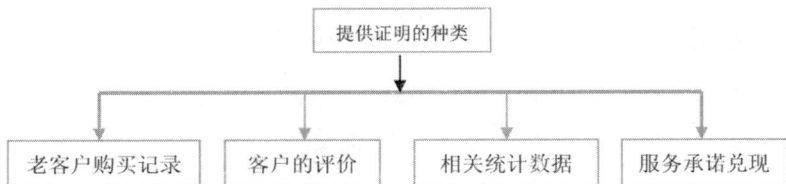

图 10-2　提供证明的种类

（3）向客户出示三包证明，并正确解读相关条文

"三包证明"是产品中非常重要的一部分，大部分客户在关注产品质量的同时都十分注重这一部分。所以，当客户对你的产品认可后，销售人员应需拿出相关的售后服务说明书，向客户交代清楚产品购买后的政策，比如，三包证明使用注意事项，更换、维修的起止时间等。当客户明确地了解后，后顾之忧就会消除。

不过要注意的是，在向客户介绍售后服务款项时，销售人员不能随意夸大事实。

总之，客户关注的不仅仅是产品本身，还有与产品相关的各项服务。所以，提醒每一名销售人员，在销售中让客户清楚了解产品销售的各项服务很关键。

小　贴　士

销售人员的责任不是推销，而是帮助客户解决问题，如果你能解决他们提出的问题，便会取得他们的信任，慢慢消除对你的质疑，从心里信赖你、接受你。

10.5　老客户提出无理要求时如何应对

对于销售人员来讲，最大的欣慰莫过于去拜访老客户，因为这意味着成功率会很高。但是同样会遇到一个问题：大部分老客户都会跟你攀"交情"，比如要求打折、优惠等，这些要求对推销完全是无益的。

这便是老客户的心理优势，言外之意，"我们是朋友，我们有交情，能不能看在情谊的份上多优惠优惠"。中国是一个最讲究人情、面子的社会，有人认为这个面子得给，但是对销售人员来说，生意就是生意，不能以人情来做买卖，是否应该答应这些要求，使不少销售人员陷入两难境地。

案例

新产品上市，小迪就迫不及待地向老客户杨总通了电话。

由于是刚刚上市的新品，即使老客户公司也无法优惠。但是，小迪又怕得罪客户，因此而陷入了两难境地。

杨总："多少钱？"

小迪："1588元。"

杨总："这比上次贵500多呢，能不能打个8折？"

小迪："我可以适当地为您降低一些，但恐怕8折不行。"

杨总："你再通融通融，你看我也是你们的老客户了，每个月都要从你们这进货，这点面子也不给？"

小迪："这套按摩器是上周刚刚上市的新产品，有很多新功能，对于治疗……有很好的效果。"

杨总："是吗？与上次有什么不同？"

小迪："功能上有所增多，外形也有所改观。"

杨总："朋友啊，就一点优惠都没有吗？"

小迪："可以享受积分活动，但打折我实在不能答应。"

杨总："怎么老客户与新客户的待遇一样啊。"

小迪："杨总，不好意思，能打折我还不给您打折吗？"

杨总："那等打折的时候再来吧。"

小迪无言以对。

总体来看，例子中的话术是失败的，当客户要求打折，优惠时，把所有的责任全部推到公司的头上，这样虽然可以堵上客户的嘴，但是也会让客户失望。

遇到这种情况，该如何应对呢？老客户的心理优势在于"交情""面子"，正因为这样，才会提出过分的要求。这种情况下的应对可以从以下3个方面入手，如图10-3所示。

（1）先对老客户的长期支持表达感谢之意

老客户能够始终信任你，信任你的产品和公司，就是对你最大的帮助。即使老客户会刁难你，也要首先表示感谢。其实，很多时候，老客户要你为他们打折、优惠，并不是有意刁难，而是想得到一份尊重和重视。因为在他们心里"老客户"和"新客户"就应该有所区别。所以，作为销售人员，要让老客户尽量有这种心理感受。

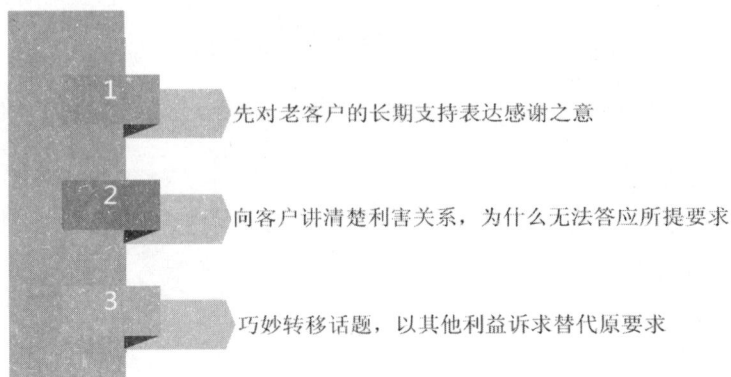

图 10-3　应对老客户特殊要求的技巧

案例

客户："我是老客户了，打个八折吧。"

销售人员："××总，我知道您是我们公司的老客户，这么多年来，也感谢您对我们的支持，但是……"

销售人员："××总，非常感谢您长期以来支持我们，但是这次真的不能打折，在不损害公司利益的前提下，我会尽力帮您，比如……但是帮您是情分，不帮您是本分，有悖于原则的，我做不到。"

（2）向客户讲清楚利害关系，为什么无法答应所提要求

很多老客户也许并不知道你们公司的内部规定，产品的销售情况，所以才会要求打折或优惠。遇到这种情况，销售人员千万不可轻易拒绝或冷冷地甩给客户一句"这是公司的规定"，而要站在客户的角度去想这个问题，然后解释为什么不能优惠。比如，这是价格规定，或者新产品一旦打折，就会损害企业利润等。

案例

客户："我是老客户，一点优惠都没有吗？"

销售人员："×总，您是我们的老客户了，如果有优惠活动一定会提前通知

您的。您看，这是我们公司的新产品，刚刚上市，有好几款已经缺货了。您也知道，我们公司的新产品经常是不打折的！您要是喜欢就今天买吧。"

（3）巧妙转移话题，以其他利益诉求替代原要求

遇到一些比较固执的客户，你一旦无法满足其需求就会引发一些矛盾。对于这类老客户，你要及时转移他们的注意力，把话题引到公司允许优惠的范围内，这样可以在很大程度上缓解客户的情绪。比如，积分活动、额外赠送等。

案例

客户："我是老客户了，怎么老客户与新客户一样的待遇啊，一点优惠也没有？"

销售人员："我知道您是我们公司的老客户，这么多年来，也感谢您对我们的大力支持，但是这是新产品，打折销售会给公司造成损失。这样吧，您可以暂时少订购一些这个型号的设备，另外再订购一批那个型号的，我把优惠给您算在那批货上，总之我不会让您吃亏的。"

小 贴 士

针对老客户的心理优势，销售人员要做的不是打压，让对方感到"我没什么优势可言"，而是助长，将这种优势彻底放大，让对方感到应该得到优惠。值得注意的是，在优惠的方式、程度上可以有所改变。